図解 眠れなくなるほど面白い

鉄道の話

綿貫 渉
WATARU WATANUKI

JN099069

日本文芸社

はじめに

通勤、通学、買い物、旅行……日々あたりまえのように「電車」を利用している方にとって「鉄道」という言い回しは、何か小難しいような、敷居の高さを感じてしまうかもしれません。実際、私も高校生になるまで「鉄道」と「電車」の違いを気にしたこともありませんでした。

それでも『電車の話』とせず、『鉄道の話』になったのは、書店でのジャンルが「鉄道」だからです。レールの上を走る乗り物を総称する言葉が「鉄道」。日本では150年以上の歴史があり、そこには多くの奥深さや面白さがひそんでいます。

本書は鉄道が好きな方だけでなく、日々移動で利用しているだけという方にも楽しんでもらえるようにつくりました。そのため鉄道が動くしくみや歴史を紹介するだけでなく「車内トラブルを目撃したとき、どんな行動をすればいいの？」「弱冷房車ってどれくらい温度が違うの？」といった役立つ情報も盛り込んでいます。

ぜひとも興味あるページから、パラパラとめくってみてください。本書を読むことで、単なる移動時間だったいつもの通勤・通学が少しでも楽しいものなってくれればうれしいです。

綿貫 渉

プロローグ -1-

最新技術と職人技のハイブリッド⁉ 知られざる鉄道の世界

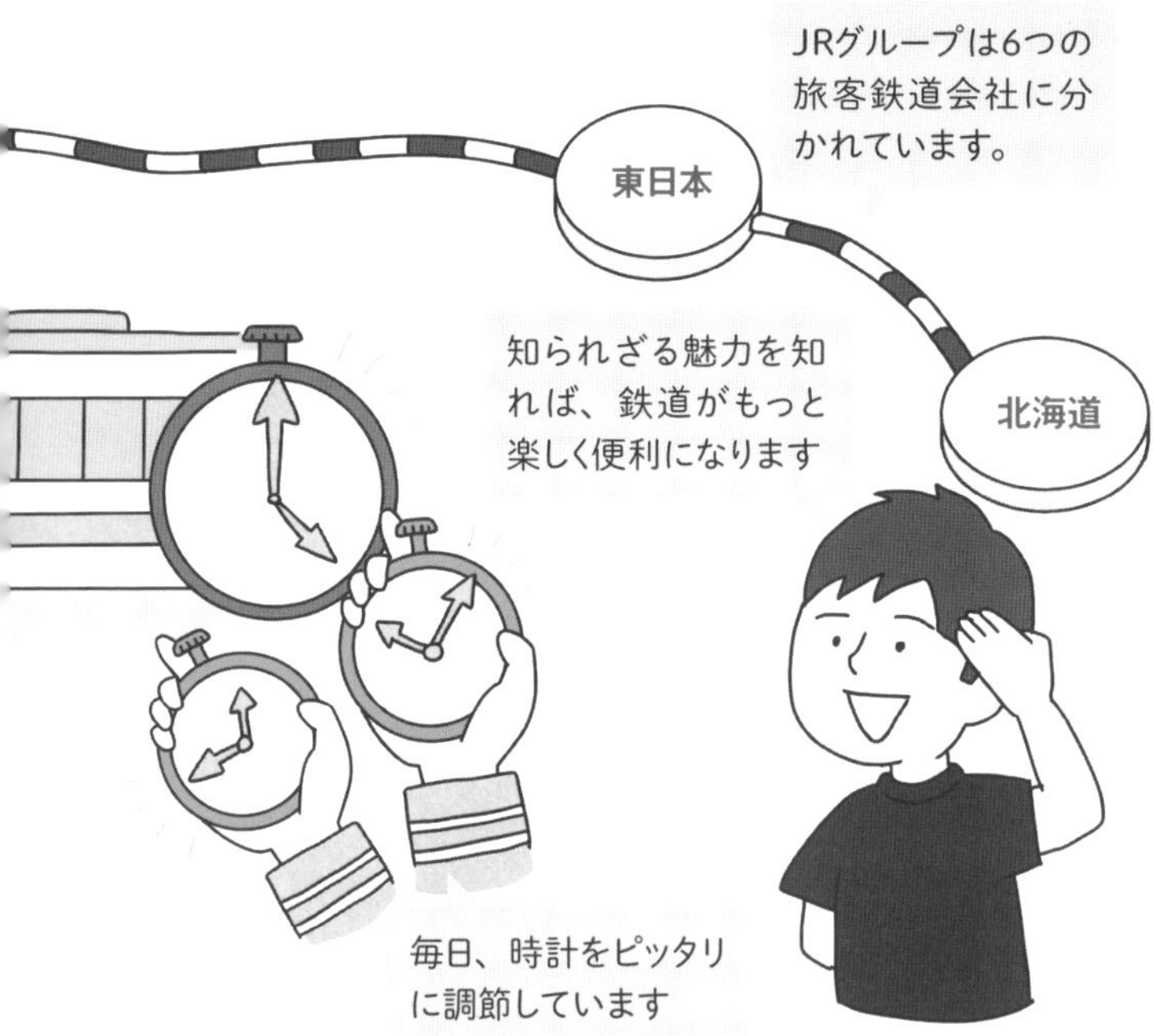
JRグループは6つの
旅客鉄道会社に分
かれています。
東日本
北海道
知られざる魅力を知
れば、鉄道がもっと
楽しく便利になります
毎日、時計をピッタリ
に調節しています

鉄道にはまだ知らない魅力がいっぱい！

数多くの人が通勤や通学で利用している交通機関の鉄道。そのなかには、鉄道に全く興味のない人もいれば、逆に大好きと答える人もいるはず。この両者の違いをざっくりと説明するのであれば、「鉄道を単なる移動手段の一つとして認識しているか否か」です。

鉄道という交通機関は、多くの人々の知恵や技術によって支えられてきた長い歴史を持っています。特に日本における鉄道の正確性と安全性は、世界でも指折りといっても過言ではありません。

日本全国で
連動する鉄道
四国
西日本
東海
九州
停止位置の正確性
は運転士の手腕
Oh!! ピッタリデース
待って〜!!
ドアを開けるタイミ
ングは手動で管理

鉄道職員の1日は、最初の点呼の際に1秒の狂いはないか、上司とともに時計の時刻を合わせるところからスタートします。列車の運行というのは10秒、15秒単位で進められており、「○分○秒発」と書かれた時刻表を乗務員が確認して運行されています。微調整が可能な人力だからこそ、正確な出発時間を守れているといってもいいかもしれません。

さらに時刻表や路線図を見れば、あなたが利用している駅が全国の駅につながっていることがわかるはずです。鉄道の技術が全国で連動して行われているにもかかわらず、これだけの安全性が担保されているのですから驚異としかいいようがないでしょう。

そんな運用する側の技術が光る鉄道ですが、近年はさまざまなシステムに機械化・自動化装置が導入されています。鉄道はハイテク技術と職人技が同居した、ますます奥深く不思議な世界へと成長を遂げているのです。

プロローグ -2-

本書著者 綿貫渉が教える奥深き鉄道の世界と楽しみ方

綿貫渉のYouTuberへの道のり
鉄道ファンっているんだ……
自分はこんな風に鉄道好きになりました
高校生時代
TVゲームも好き！
高校生のときの駅員のアルバイトで鉄道に興味を持ちました
子どものころは野球少年でした
小中学生時代

自己紹介と鉄道の魅力

本書を読み進める前に、著者である私、交通系YouTuber・綿貫渉の簡単な自己紹介をさせていただきます。

鉄道との出会いは、高校生のときにたまたま見つけてはじめた大手私鉄のアルバイトでした。鉄道が好きだったからというわけではなく、単純に通いやすさや条件面からでした。

アルバイトの主な業務は、ラッシュ時のホームでの乗降案内や改札での精算、ICカードの処理、時には苦情の対応など乗客への対応全般です。この時点では鉄道にあまり興味がなかっ

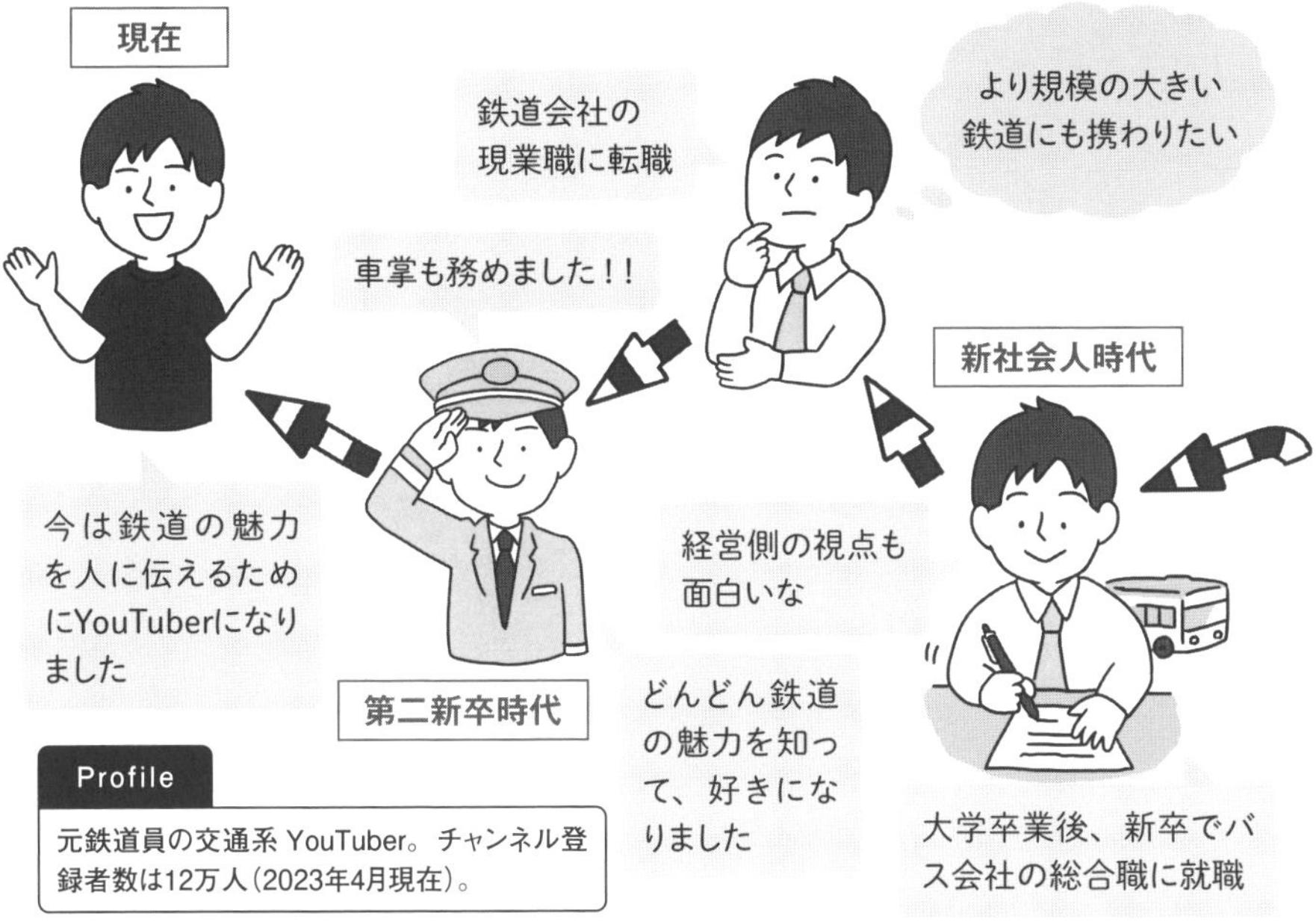

新社会人時代
大学卒業後、新卒でバス会社の総合職に就職
経営側の視点も面白いな
より規模の大きい鉄道にも携わりたい
鉄道会社の現業職に転職
第二新卒時代
車掌も務めました！！
どんどん鉄道の魅力を知って、好きになりました
現在
今は鉄道の魅力を人に伝えるためにYouTuberになりました

Profile

元鉄道員の交通系 YouTuber。チャンネル登録者数は12万人（2023年4月現在）。

たので、「世の中にはこういう仕事もあるんだ」という感じで、淡々と行っていました。

アルバイト先の先輩に「君も鉄道が好きなの？」と聞かれて、ようやく鉄道ファンと呼ばれる人たちの存在を知ったほど、鉄道の「て」の字も知りませんでした。しかし、先輩たちに魅力をたくさん教えてもらうにつれて、次第に趣味としても楽しむようになりました。

鉄道ファンのなかには幼いときから好きという人が多いと思いますが、私の場合はだいぶ遅咲きです。でも、鉄道の仕事をするなかで、その魅力にハマっていき、気づけば鉄道会社に就職して車掌を経験するまでになりました。

そして、現在は多くの人に鉄道をはじめとした交通の魅力を伝えるべく、鉄道会社を退職し交通系YouTuberとして活動しています。一人の鉄道ファンとして、乗り物をもっと好きになってくれるような情報や、新たな発見がある情報を発信しています。

『眠れなくなるほど面白い 図解 鉄道の話』もくじ

第1章 知っておきたい鉄道雑学

第2章 鉄道のしくみの話

第3章 鉄道の歴史と未来の話

※掲載内容は本書執筆時2023年5月現在の情報であり、社会情勢や市場の変化に伴って変更される場合があります。
※掲載内容は著者個人の見解であり、必ずしも所属していた鉄道会社の意見を代表するものではありません。
※本書ではわかりやすさを優先して、厳密には列車と表記すべき箇所を電車と書いているページもあります。

第1章

知っておきたい鉄道雑学

通勤や通学、帰省や旅行など、人々のインフラとして欠かせない鉄道。そんな誰もが使い慣れている鉄道の、意外と知られていない面白い話を紹介していきます。

TRAIN 1

なぜ電車はホームにピッタリ止まれるの？

日本の鉄道の正確さは職人技

　日本の鉄道の正確性は世界でも有名です。たとえば電車がホームに入ってくると、足元に記された乗車位置を示すマークにピッタリ止まります。我々にとってはごく当たり前の光景ですが、実はこれは高い技術と経験の賜物なのです。普段自動車を運転する人なら、ブレーキをかけて信号の手前でピッタリ止まることは難しくないかもしれません。しかし**鉄道は鉄の車輪がレールの上を滑るように走っているため、自動車と比べてブレーキが利きづらいのです。**

　近年ではホームに転落防止用のドアを設置している駅も増えており、停止時にはこのドアと車両のドアがピッタリの位置でシンクロします。これはブレーキを自動化した路線もありますが、**多くは運転士の技術によるものです。**

　運転士は、電車がホームへ進入すると停止位置目標を確認。そして揺れることがないように丁寧にブレーキを操作して電車を止めるのですが、**ブレーキのかけ具合は天候や乗客数、車両の数でも異なります。**つまり、運転士の腕の見せどころなのです。また、ドアも自動ではなく、車掌や運転士がタイミングを見て操作するスイッチで開閉しています。

　電車が定刻通りに到着し、列をつくって待っている利用客の前にピッタリと止まる光景は、当たり前のようで運転士の努力の賜物です。

停止位置にピッタリ止まるのは運転士の技術

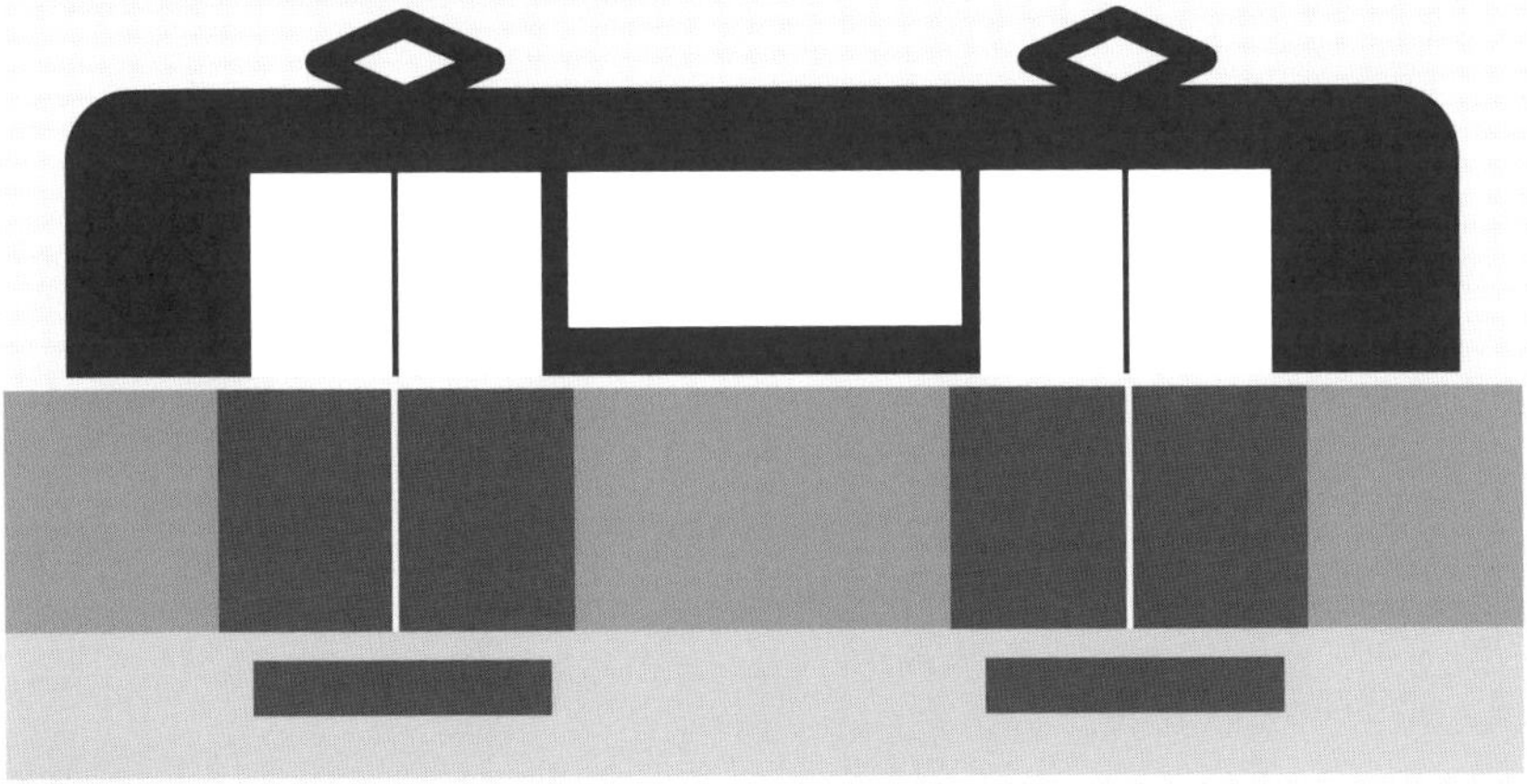

電車を駅のホームの停止位置やホームドアがある位置に正確に止めるには、高い技術と経験が必要とされています。

列車のブレーキはほとんど手動

徐々に自動に置き換わりつつありますが、電車のブレーキは、大半は運転士が手動で操作しています。天候や車両の重さなどによってブレーキの利き方も異なるため、正確な位置に停止させる技術はまさに職人技です。

発車時刻を守らなくてもいい駅がある！

乗務員の裁量で全体の時間を調整

正確性や信頼性は世界でも指折りの日本の鉄道。しかし、時刻表に記された時間よりも電車が早めに出発する駅もあります。鉄道業界では、そんな**定刻通りに電車が出発する駅を「採《さい》時駅《じえき》」といい、反対に定刻前に出発する可能性のある駅を「非採時駅《ひさいじえき》」**と呼んでいます。

駅の間隔が短い大都市の通勤路線では、駅での乗降客が多ければ多いほど、発車時刻が遅れてしまうことが多くなります。そこで発車時刻を乗務員の裁量に任せる駅をつくることで、本数の多い路線でもスムーズに運行できるようになるのです。つまり、**時間を確実に守る採時駅と、乗務員の裁量に委ねる非採時駅があるのは、時間調整のために欠かせないことなのです。**

この制度を採用している路線では、採時駅は数駅に1駅の間隔で存在しています。時々、ホームに停車中の車内で「1分ほど停車します」といったアナウンスが流れることがあります。この場合は、その駅が採時駅で、発車時刻を調整している可能性が高いといえるでしょう。

余談ですが、**発車時刻というのはドアが閉まる時刻ではなく、ドアが閉まってから電車が動きはじめる時間**です。時刻表が12時00分00秒発であれば、ドアが閉まるのは11時59分50秒くらいですので、乗り遅れのないように時間に余裕を持って行動しましょう。

車掌と運転士の裁量で発車していい駅がある

山手線や京浜東北線など、駅間が短く、列車本数が多い首都圏の通勤電車では、数駅に1駅の間隔で発車時刻が定まった採時駅があります。ほかの駅では利用者の乗り降りが終わり次第、出発していいのです。

※中長距離を走る路線では、全駅で発車時刻を定めていることが通常です。

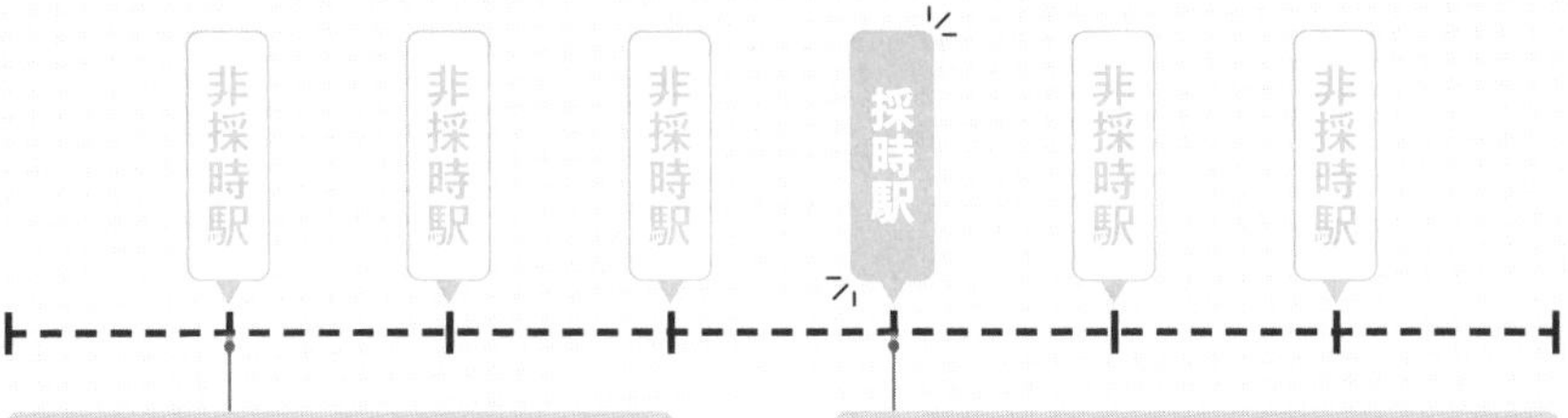

正確な発車時刻を定めていない駅。乗客の少ない駅を乗務員の裁量で少々早く出発することで、時間の余裕をつくり、ほかの駅で乗り降りに時間がかかった場合にも遅延を防ぐことができます。

発車時刻が定まっている駅。万が一時間より早く出発してしまうと「早発」となり、法令違反になります。

非採時駅を設けるルールは、列車の運行本数が多い地域にとって、ダイヤの乱れを事前に予防する策なのです。

時刻表の時刻は電車が動きはじめる時間

時刻表にあるのはドアが閉まる時間ではなく、電車が動きはじめる時間です。そのため、10秒ほど前にはドアが閉まることも。また、電車の発車時刻は秒単位で決められていますが、時刻表では秒が切り捨てられています。

発車時刻が12時(12:00:00)の場合

発車ベルが鳴ってドアが閉まる

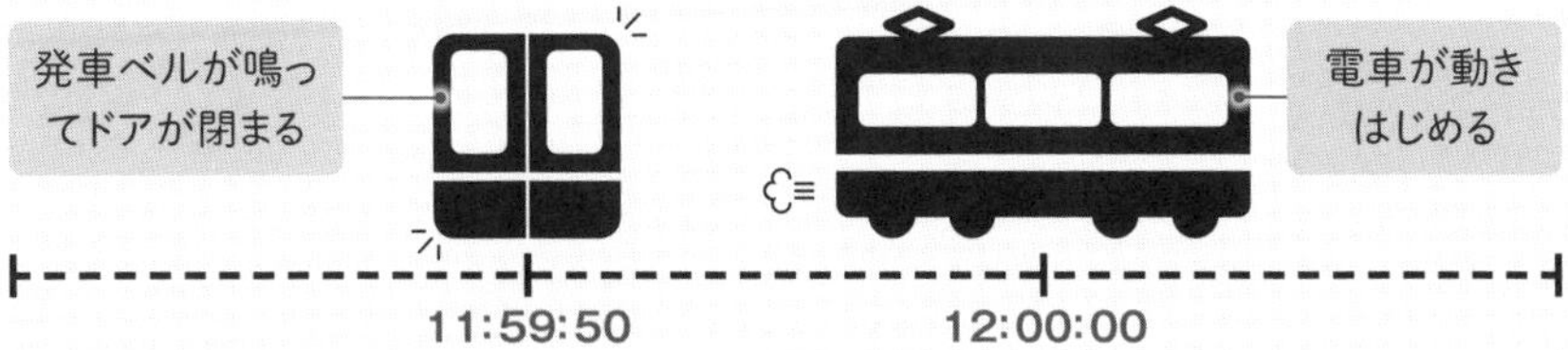

電車が動きはじめる

TRAIN 3

線路内立ち入り、車内点検……電車が止まってしまうさまざまな理由

原因不明だと半日以上も止まる

電車が長時間止まるのには、いろいろな原因があります。まず思いつくのは人身事故ではないでしょうか。また車内アナウンスでよく聞くのが「異常な音を感知」の事例。**これは電車が何かを踏んだ場合が多く、運転士が電車を降車して何が原因かを確認します。**だいたいはイタズラの置き石が多く、異常がなければ15分前後で運転再開します。このほか、踏切やホームから人が線路内に入ってしまうケースもあります。大事故につながる場合があるので、電車を止めて、その人を線路外に出さなければなりません。自動車などの接触事故では、車が大破し電車が脱線するほどの規模になると、終日運転見合わせになることが多いです。

信号機や架線の故障は、**路線全体の安全にかかわるので、原因が特定できないと半日以上止まり続けることも。**架線支障で多いのは、強風時にビニール袋などが引っかかってしまう事例です。ときには大型車両が踏切を渡るとき、上部を引っかけて架線を切断する場合もあります。この場合は復旧まで6時間ほどかかってしまいます。

最近では台風や大雪、地震などの自然災害の影響も少なくありません。原因が何であれ、電車が運転を見合わせるのは乗客の安全を確保するためなのです。

電車が止まるよくあるパターン

①車両点検

車両ドアやブレーキ装置など、設備の不具合があるときに点検を行います。

②車内点検

車内非常ボタンが押された場合や乗客同士のトラブルなどが発生したときに、乗務員が確認作業を行います。

③線路内立ち入り

人が踏切やホームから線路内に侵入した場合や、自動車が踏切内で立ち往生した場合に緊急停止し、安全が確認できるまで運転を見合わせます。

④異音の確認

線路上に置かれた石を踏んでしまう「置き石」が代表的な例。運転士が電車を降りて、目視で異常がないかを確認します。

⑤自然災害

台風や大雪、地震などが発生した際に、安全のために運転を見合わせます。運転に支障をきたすほどの天気予報が出ているときには、計画的に運転を取りやめる場合も。

⑥架線・信号の故障

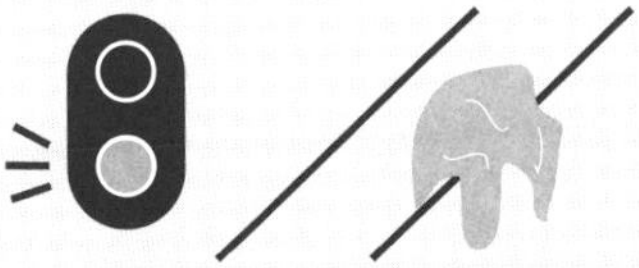

意外と多いのが、風でビニール袋などが架線に引っかかってしまう例。電車が通過してしまうと架線が切れてしまう恐れもあるため、安全確認に多くの時間を要することも。

「原因」と「発生場所」で運転再開の時間がわかる!?

人身事故の裏側にある現場の連携

人身事故で「運転見合わせ」になった際、運転再開までそれなりに時間がかかるものですが、一体どれくらいかかるのでしょうか。

総務省統計局がまとめた『日本の統計2023』によると、全国の鉄道で発生した人身事故は2019年で351件。つまり**毎日、1件くらいは人身事故が起きています**。これだけ頻発している事故なら、電車利用時に遭遇する場合もあるはず。そのときに発生場所がどこであるかを知っておくと、運転再開までの時間を判別することが可能です。

たとえば、駅のホームで人身事故が発生した場合は、都市部の駅であれば救助隊や警察官の到着は通報からおよそ8分。そこから救助や現場検証、安全状況の確認などを行うと、スムーズに行けば運転再開まで40～50分程度です。ただし、状況によってはもっと時間がかかる場合も当然あります。

特に時間がかかるのは、人身事故の発生が駅と駅の間で起こった場合です。このような場所だと救助隊や警察官の到着、情報伝達もホームでの人身事故に比べると、タイムラグが生じて遅くなってしまいます。そうなると運転再開まで1時間以上かかることもあります。人身事故が起きた際は、いつどこで起きたか必ず確認し、慌てずに行動しましょう。

人身事故のときの運転再開時間は約50分

人身事故が発生すると、駅員や救助隊、警察官など多くの人が現場に駆けつけて対応をすることになります。そのため長いときでは1時間以上も電車を止める必要があるのです。

人身事故発生

救助隊到着

負傷者の救助、警察による現場検証、安全確認など

運転再開

(事故発生から)0分 — およそ8分 — スムーズに行けばおよそ40~50分

※事故や線路の状況によって時間は前後します。運転再開のめどがつくとアナウンスがあるので、確認するようにしましょう。

人身事故発生時の現場の対応は?

レスキュー隊が負傷者の救助を行う

人身事故が発生したら、まずレスキュー隊によって負傷者の救助が行われます。

警察官による現場検証

警察官が現場の状況を調査したり、目撃者から事故当時の様子を聞き取ったりします。また遺留品の捜索も行われます。

運転士による車両点検

運転士が線路に降りて、車両や線路に異常がないか、安全を確認します。

運転再開

確認が終わると運転を再開します。このとき指令所は、乱れたダイヤを戻すために運転間隔や行先変更などの調整を行います。

振替輸送ってどんなしくみ？

運賃先払いの乗車方法のみ有効

悪天候や事故などの影響でダイヤが大幅に乱れることがあります。そんなとき、「振替輸送」に助けられた人も少なくないはず。**振替輸送とは、電車が運転見合わせとなったとき、鉄道会社同士で情報のやり取りを行い、目的地までほかの路線を利用できる制度**です。

ダイヤの乱れや運転見合わせが発生し、振替輸送の案内があったら、振替先の駅で乗車券や定期券を提示するという利用方法が一般的です。駅員はそれらを見ればひと目で振替輸送の対象区間であることがわかるため、そのまま改札を通過して他路線で目的地に向かうことができるというわけです。

ただし、**振替輸送は法律上の制度ではない**ため、代替となる輸送機関が存在しない場合は行われません。また**ＳｕｉｃａやＰＡＳＭＯなどの交通系ＩＣカードは振替輸送の対象外**。なぜなら、振替輸送は利用区間が明記されているきっぷや定期券のみが対象だからです。定期やきっぷの場合は運賃先払いですが、チャージ金額から運賃が引かれるＩＣカードの場合は後払い。つまり、目的地までの運賃が定まっていない利用は、振替輸送の対象外になるのです。

どうしても振替輸送を使用したい場合には、そのときだけ駅の券売機できっぷを買って、改札にいる駅員に提示しましょう。

振替輸送のイメージ

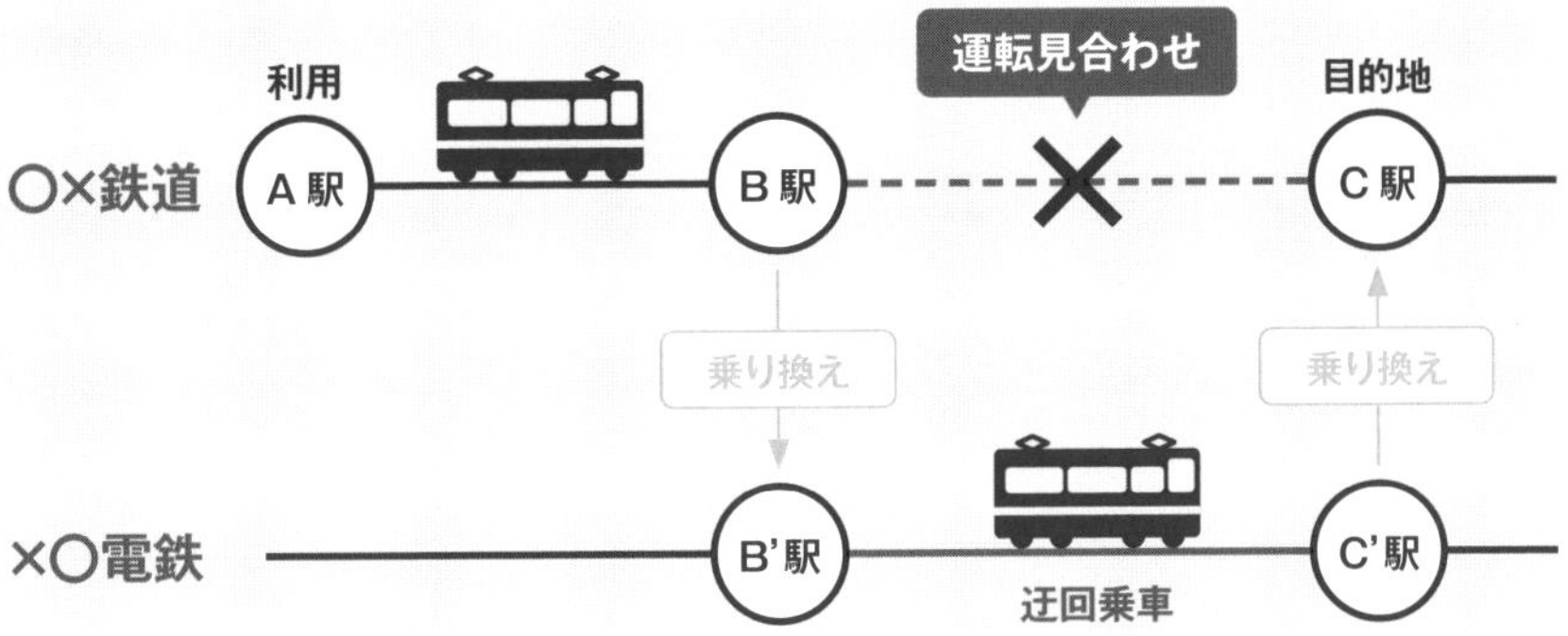

利用中の電車が運転見合わせになった際に、ほかの鉄道会社を使って目的地へ向かうのが振替輸送です。

振替輸送はICカードのチャージでは使えない

運賃が先払いのものであればOK

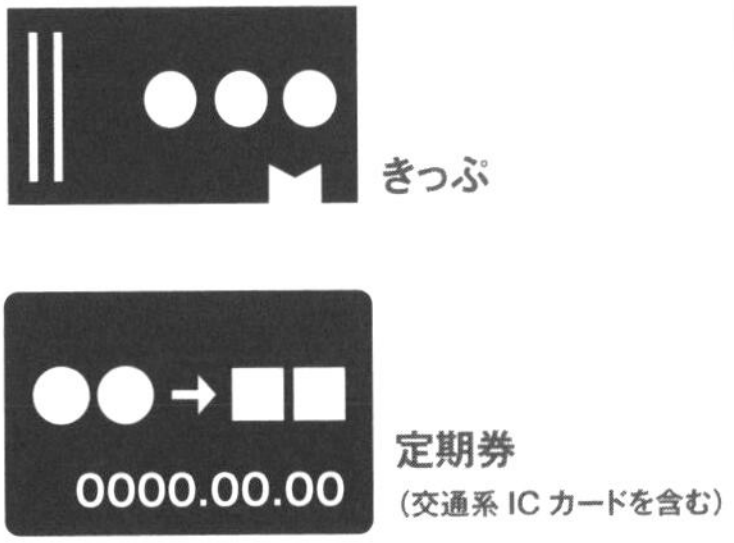

運転を見合わせている駅で乗車券・定期券を振替先に提示することで、振替輸送を利用できます。

運賃後払いのものはNG

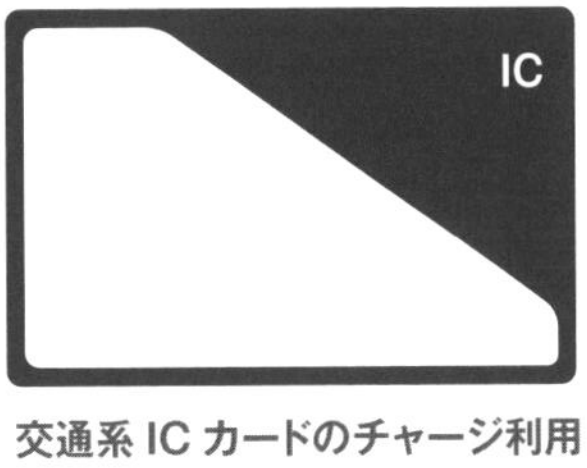

交通系 IC カードのチャージ額で乗車する方法は、改札を出場するときに運賃が確定。迂回する運賃は全額負担となります。

線路へ落とし物をしても自分で取るのはNG

拾得は終電後になってしまうことも

　ホームから線路にものを落としてしまった経験はありませんか。もし大切なものを落としても、**絶対に自分で線路へ降りてはいけません。線路からホームまでの高さは1.1mほど**もあるうえに、線路内はいつ電車が来るかわからず、轢かれてしまう危険があるためです。

　駅では安全拾得器というマジックハンドのような落下物を拾う器具を常備しています。落とし物をした際は、すぐに駅員に状況を伝え、安全を確認したうえで拾ってもらいましょう。ただし、落とし物は小さいものほど時間がかかります。最近ではワイヤレスイヤホンの落とし物が急増していて、安全拾得器の先にテープをつけて対応するという工夫がなされています。

　駅や車内ではいろいろなものが忘れられていますが、**忘れ物をしたときは鉄道会社や駅に連絡して特徴を伝え、もし見つかれば忘れ物預かり所**に受け取りに行きます。会社によって保管期間はさまざまですが、ある会社では預かり所で3日程度、その後、貴重品は警察に移管されて保管されます。3カ月を超えても持ち主が特定されなければ、**業者に買い取られてデパートなどの「鉄道忘れ物掘り出し市」に破格の値段で出品されることも**。落とし物は時間が経つと取り戻すのが難しくなるので、気がついたらすぐに鉄道会社に連絡するようにしましょう。

線路内の落とし物は駅員を呼んで取ってもらう

線路内に落とし物をしても、絶対に自分で線路に降りてはいけません。必ずすぐに駅員を呼びましょう。

薄いスマートフォンや小さなワイヤレスイヤホンなどは取るのがとても難しい落とし物。特に線路の敷石の隙間に落ちてしまうと見つけることも難しくなります。

電車内忘れ物ランキング

※相模鉄道株式会社「2019年度　電車内や駅などでの忘れ物状況」より

1位 傘

2位 袋・封筒類

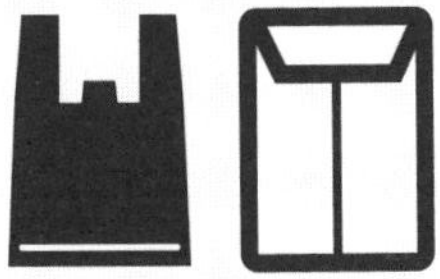

3位 現金

こんな珍しい忘れ物も……

カゴに入った昆虫

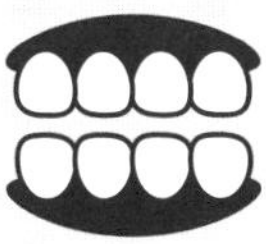

入れ歯

弓

電車内に持ち込みOKのもの・NGのもの

会社によって厳密に定められている

電車への荷物持ち込みについて考える機会は少ないかもしれませんが、その**基準は各鉄道会社によって厳密に定められています。**ここでは一例として、JR東日本の手荷物に関する規則を紹介します。

持ち込めない荷物は、可燃性液体や可燃性ガス、火薬類などの「危険品」。一部は梱包方法や数量を制限すれば大丈夫ですが、ガソリンや灯油などの持ち込みは厳禁。梱包されていない刃物や死体、不潔なもの、臭気を発するものもNGです。これはどの鉄道会社でも共通の項目です。

持ち込める荷物は、タテ・ヨコ・高さの合計が250cm以内、長さ2m以内のもので、重さ30kg以内なら2個までは可能。**また、傘、杖、ハンドバッグなどの身の回りの品は個数に数えません。**自分で使うものであれば、複数持っていても大丈夫です。また、自転車は分解したり折りたたんだりして専用の袋に収納したものであれば持ち込めます。**ちなみに最近では、一部の地方私鉄を中心に、自転車をそのまま載せることができるサイクルトレインという取り組みも行われています。**

何かの用事で電車内に大きな荷物を持ち運ぶことになったら、事前に持ち込めるかどうかの確認をしておくとよいでしょう。

電車内に持ち込みOKのもの・NGのもの

持ち込めるもの

無料

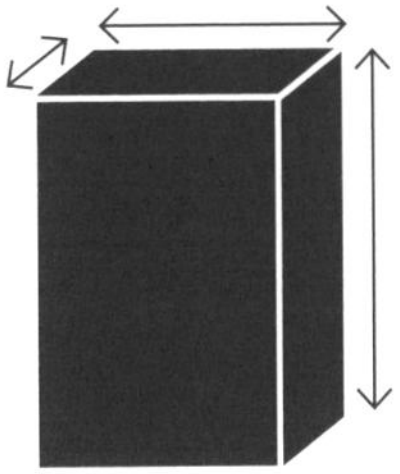

タテ・ヨコ・高さの合計250cm以内、長さ2m以内のもの

※スポーツ用品や楽器などは、長さの制限を超えても専用ケースや袋に入れたうえで持ち込みが可能

有料

専用ケースに入った動物（犬、猫、小鳥、爬虫類など）

※猛毒の動物、猛獣は不可
※盲導犬、介助犬などは制限なし
※無料で持ち込める会社もあるため要確認

無料

分解・折りたたんだ状態で専用袋に収納した自転車

持ち込みできないもの

梱包されていない刃物

火薬や燃料などの危険物

臭気のあるもの、不衛生なもの

出典：「JR 東日本旅客営業規則」

ネット予約サービスをうまく使ってお得に乗車しよう！

事前予約でお得に乗れることも！

きっぷの対面販売を行っているＪＲのみどりの窓口が続々と閉鎖されているというニュースを聞いたことがあるかもしれませんが、きっぷ購入を窓口ではなくインターネットで行うことが主流になりつつあります。

鉄道会社がそれぞれ独自のネット予約サービス（えきねっと、スマートＥＸなど）を運営しており、オンライン予約が可能となっています。窓口に並ぶ必要のないネット予約対応の券売機だけでなく、**きっぷを受け取らずに交通系ＩＣカードに紐づけてチケットレスで新幹線に乗車することも可能です。**また、在来線の特急券についてもチケットレスのエリアが広がっています。

意外と知られていないのが、**ネット予約サービスで早めに予約すると、安く乗れる可能性があるということです。**たとえば、ＪＲ東日本が運営する「えきねっと」のサービスで「えきねっとトクだ値」というものがあり、当日までの申し込みで5～20％ＯＦＦ、13日前までで25～35％ＯＦＦで乗車可能な商品もあります。

利用区間や申込期日等の制限はあるものの、うまく利用すればお得に乗車できます。ただし、割引で発売する座席数は限りがあり、土日など人気の時間帯は即売り切れになることもあるので要注意です。

ネット予約の流れ

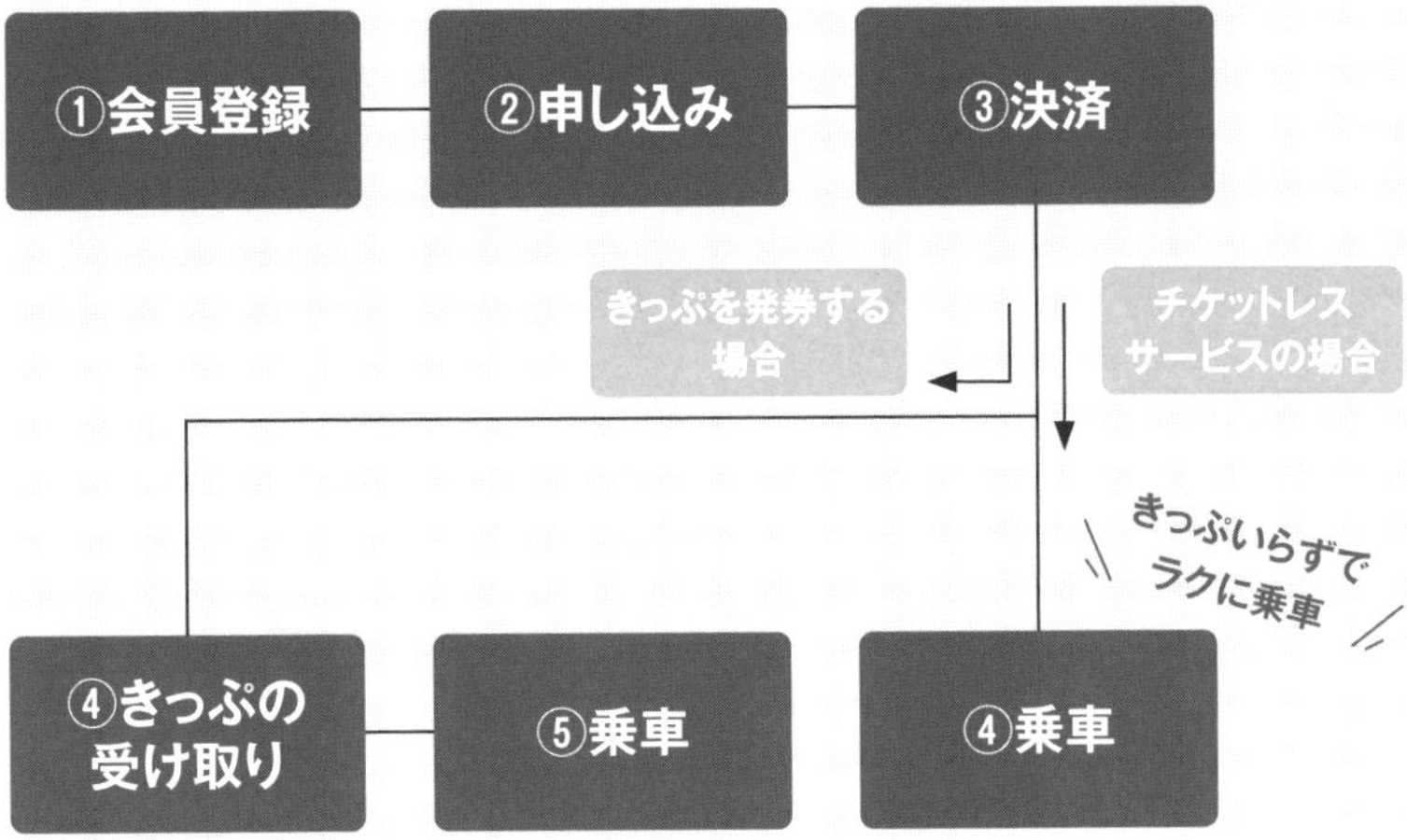
①会員登録
②申し込み
③決済
きっぷを発券する場合
チケットレスサービスの場合
きっぷいらずでラクに乗車
④きっぷの受け取り
⑤乗車
④乗車

ネット予約では、乗りたい列車や乗りたい区間、乗りたい時間などが、窓口や券売機に並ぶことなくインターネット上で簡単に決められます。

早めにネット予約すればお得に乗車できる

JR東日本の「お先にトクだ値」のほか、JR東海、JR西日本、JR九州の「EX早特」「スーパー早特きっぷ」などの事前予約による割引サービスがあります。

利用区間	通常料金	お先にトクだ値
東京 → 仙台 ※「やまびこ」の場合	10890円	7610円 (30%OFF)
東京 → 新潟 ※「とき」の場合	10560円	7380円 (30%OFF)
東京 → 金沢 ※「かがやき」の場合	14180円	9920円 (30%OFF)

※えきねっと「お先にトクだ値」一例

予定が変更になってしまったとき、損するリスクを減らすコツ

急用で予定していた新幹線に乗ることができない……そんなアクシデントを経験したことがある人も多いかと思います。ここではそんなときに役立つ、払戻手数料で損するリスクを減らすコツを紹介します。

ネット予約は変更がしやすい

まず、**自由席を使う場合は乗車する直前に予約しましょう**。自由席は売り切れることはないので、確実に乗るであろう当日の予約のほうが払い戻しが発生するリスクを軽減できます。

指定席の場合は払い戻しをすると手数料がかかりますが、ほかの日程へ変更するという方法もあります。その際、**ネット予約サービスを利用しているとより柔軟に変更が可能です。**

ＪＲ東日本が運営するサービスである「えきねっと」は、交通系ＩＣカードでの改札入場前もしくはきっぷの受け取り前で、**予約した列車の指定日の3カ月以内であればオンライン上で何度でもほかの日程に変更ができます。**紙のきっぷを発券している場合は払い戻し手数料が高くなり、変更も1度までです。

また、当日乗るつもりだったが間に合わなかったというケースでは、特急券は無効となり払い戻しできなくなりますが、後続の列車の自由席に乗車できるという救済措置もあります。ただし、早割の商品などに後続列車への乗車は不可というものがあるのでご注意を。

最終変更期限に注意

ネット予約の場合、日程変更は何度でも可能ですが、最終変更期限日があるので注意しましょう。

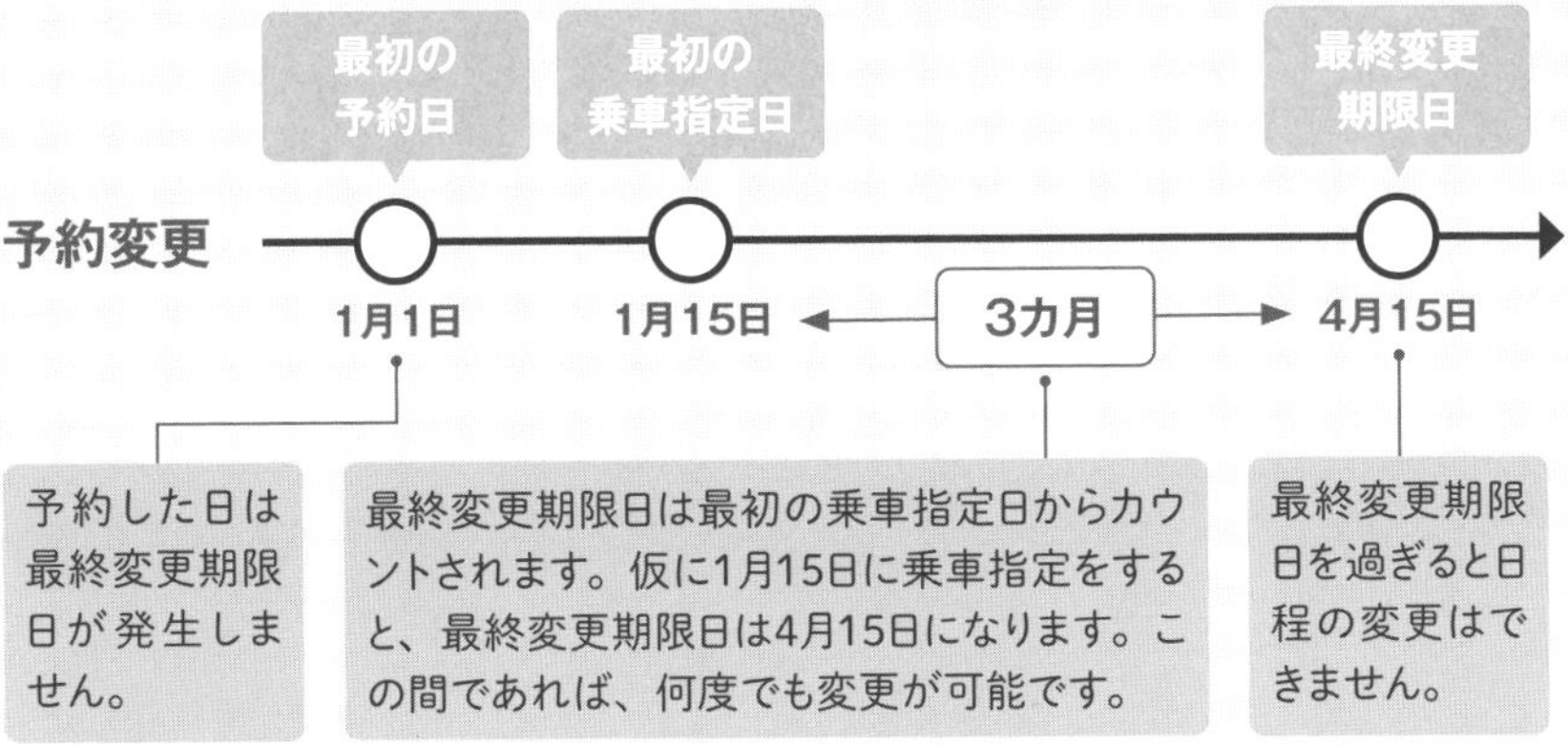
最初の予約日
最初の乗車指定日
最終変更期限日
予約変更
1月1日
1月15日
3カ月
4月15日
予約した日は最終変更期限日が発生しません。
最終変更期限日は最初の乗車指定日からカウントされます。仮に1月15日に乗車指定をすると、最終変更期限日は4月15日になります。この間であれば、何度でも変更が可能です。
最終変更期限日を過ぎると日程の変更はできません。

※上図は「えきねっと特典」を利用した場合。
※スマートEX、e5489、JR九州のネット予約は最初の予約日から3カ月後が最終変更期限日になります。

もしも指定された列車に乗り遅れたら？

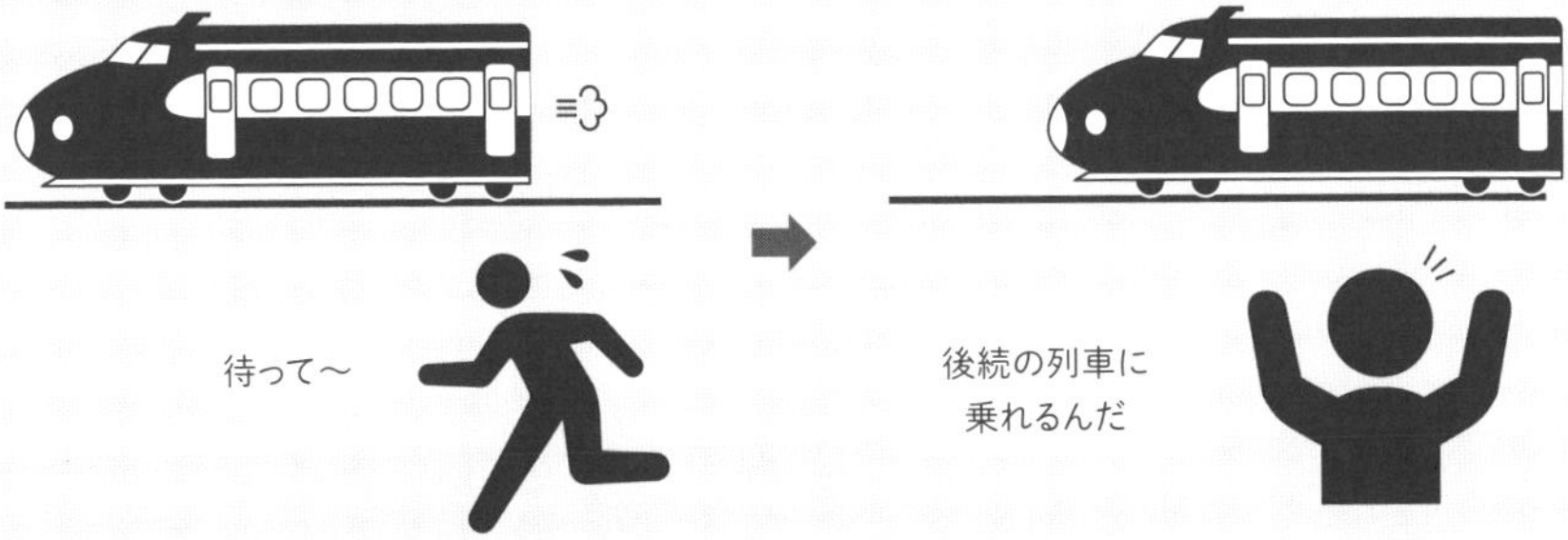
待って～
後続の列車に乗れるんだ

JRでは、指定された列車に乗り遅れても、同日であれば手続き不要で後続列車の自由席に乗れるというルールがあります。

※後続列車に自由席がない場合は、立席での乗車になります。
　チケットの種類によっては不可の場合もあります。

自由席に座れる確率を上げる方法

繁忙期には臨時列車もある

新幹線の席をできるだけお得に確保するには、事前にネットで指定席を予約するのが一番ですが、繁忙期などで指定席が満席となり、自由席を利用することもあるでしょう。一般的な電車よりも長距離を移動する新幹線の場合、座れるか座れないかは大きな問題です。もしも座れなかったら、長い時間を立ったままで乗車するしかありません。そこで知っておきたいのが、自由席に座る確率を少しでもアップさせる方法です。

今回は、利用者の多い東海道新幹線の場合を紹介します。**実は新幹線の座席数は号車によって異なり、偶数号車のほうが座席数は多く、奇数号車との差は10～35席といわれています。**始発駅で各号車の列が同じくらいであれば、偶数号車のほうが座れる可能性が高いです。ただ、奇数号車でも1号車は座れる確率が高くなっています。改札口までの距離が遠いため、乗り降りに不便を強いられるからというのが理由です。

ちなみに、**繁忙期には臨時列車が多数設定されています。**時間帯によっては、東京―大阪間ののぞみ号が3分間隔で運行している場合もあります。「前の新幹線が発車してから3分後に走るのぞみ号」は自由席に並ぶ人が比較的少ないため、特におすすめ。そこを狙って乗車すれば座れる確率は高くなります。

車両によって座席数が異なる

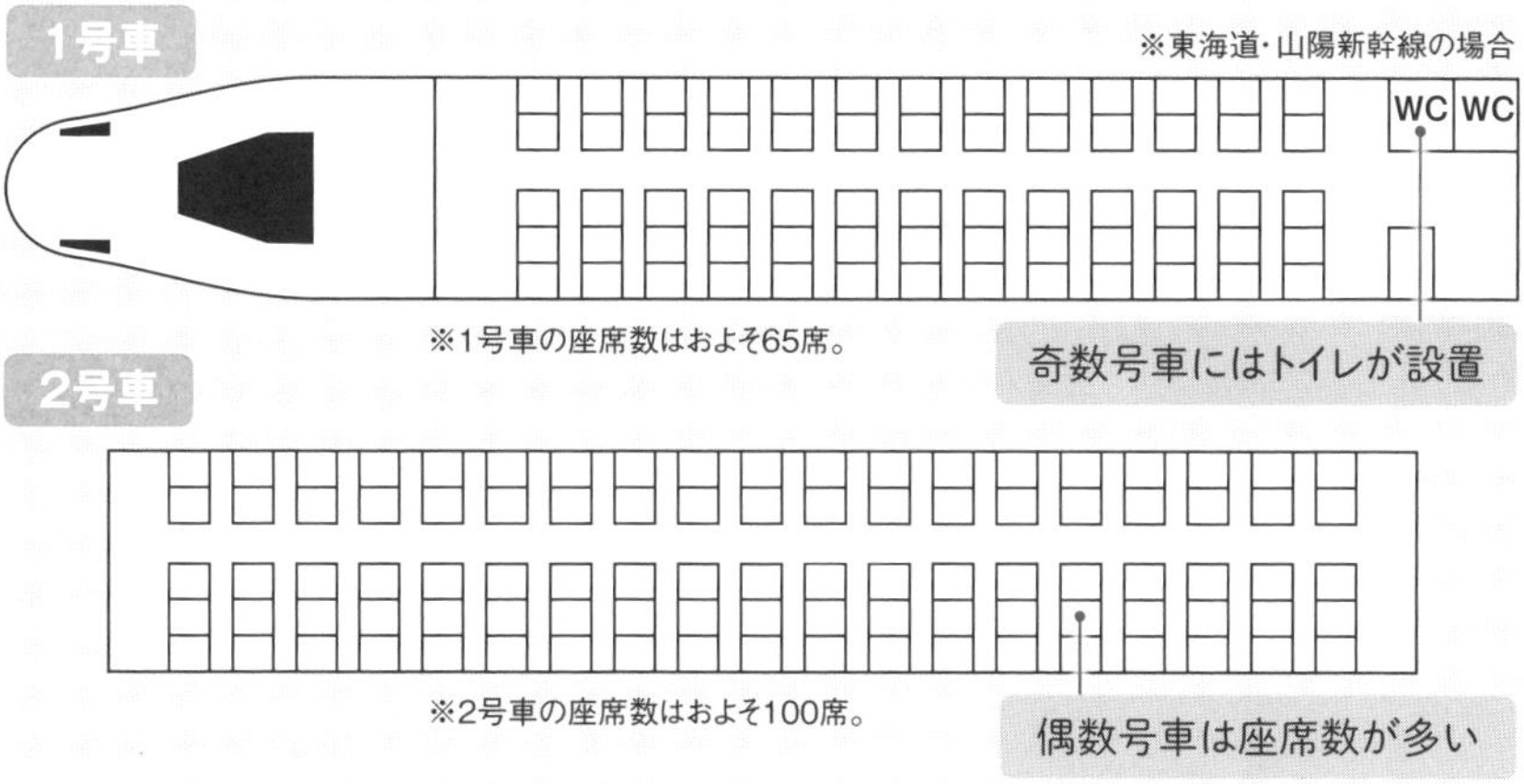
1号車
※東海道・山陽新幹線の場合
WC
WC
※1号車の座席数はおよそ65席。
奇数号車にはトイレが設置
2号車
※2号車の座席数はおよそ100席。
偶数号車は座席数が多い

新幹線の奇数号車にはトイレが設置され、偶数号車よりも座席数が少なくなっています。座席の数は、実は各号車で一定ではないのです。

改札口から遠いと乗客数が少なくなる

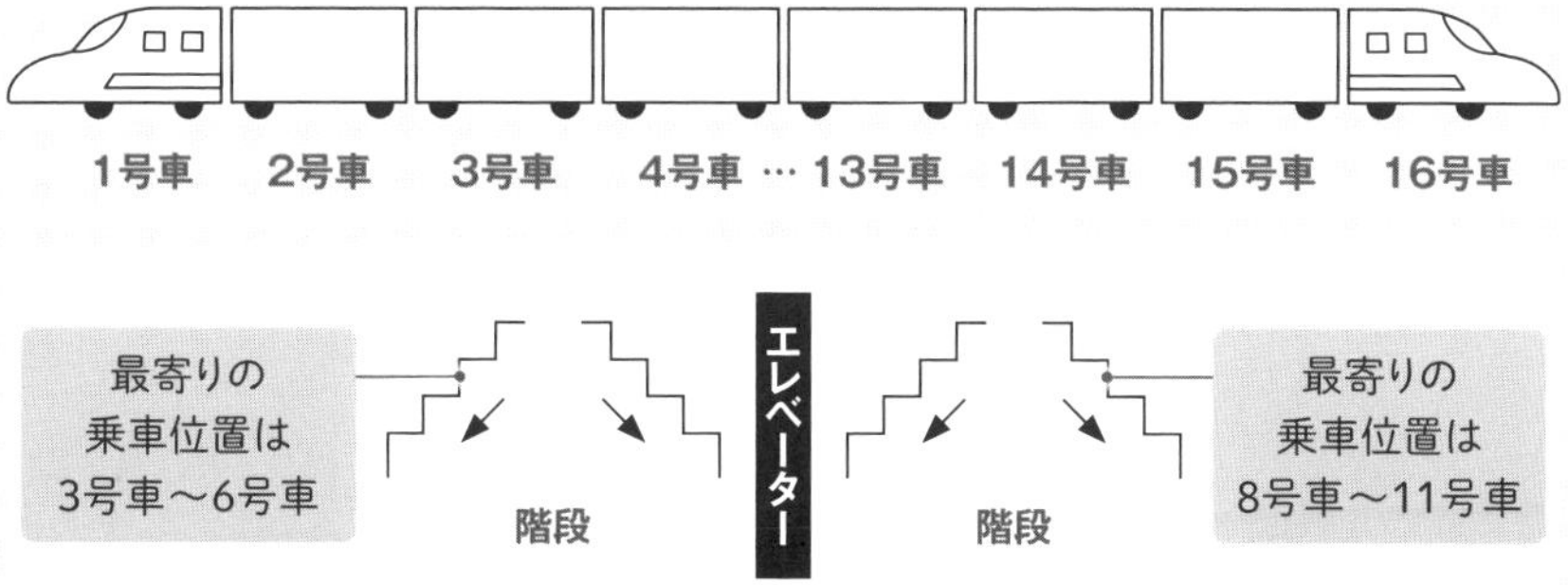
1号車
2号車
3号車
4号車 … 13号車
14号車
15号車
16号車
最寄りの乗車位置は3号車〜6号車
階段
エレベーター
階段
最寄りの乗車位置は8号車〜11号車

新幹線の改札口に通じる階段はホーム中央にあるため、最も端にある1号車は乗客数が少なくなる傾向があります。それゆえ座席数は少ないものの、実は狙い目です。

「混雑率100%」ってどれくらい乗っている？

データと目視で混雑率を計測

利用者でぎゅうぎゅう詰めになることも多い通勤電車。その混み具合を知る目安となるのが「混雑率」です。**通勤電車1両の定員である約150人を基準**に算出しており、定員の2倍が乗ると混雑率200％になります。

国土交通省鉄道局の目安では、混雑率200％は「相当圧迫感があるが、週刊誌程度なら何とか読める」、混雑率250％は「電車がゆれるたびに体が斜めになって身動きができない」という状態だそうです。

ラッシュアワーの混雑率を200％だとすると、10両編成の通勤路線では1本あたりおよそ3000人、15両編成の路線であれば1本あたり4500人を輸送している計算です。

この**混雑率というのは、鉄道会社による目視測定や機械測定などを併用して算出しています。**ただし、**ある路線の混雑率が200％だからといって、その区間のすべての電車が均等に混むわけではありません。**行先や前の電車との間隔などの要素で変化するので、すいている列車を探してみるのもいいでしょう。

また、近年では感染症予防の意識が高まったことや、鉄道会社がオフピーク通勤を推進する活動を広めていることから、混雑率200％を超えるような激しいラッシュは少なくなっています。

電車の混雑率の目安とは

ラッシュ時の混雑状況を数値で表すことがありますが、この数値はあくまで目安。実際の車内の状況と必ずしも一致しているとは限りません。

混雑率50%

ほとんどすべての座席が使われている状態。

混雑率100%

座席は満席で、立っている人はつり革やドア付近の手すりをつかめている状態（定員乗車）。

混雑率150%

立った状態で新聞紙を広げて読むスペースがあるくらいの状態。

混雑率200%

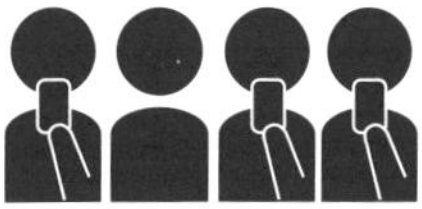

周りの人と触れ合い、かなり圧迫感がある状態。ぎりぎりスマートフォンの操作や、雑誌ほどの大きさの本が読める。

混雑率250%

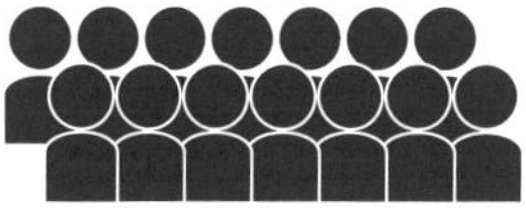

身動きを取ることができない。電車が揺れると体が斜めに傾き、自分で踏ん張ることができないほど圧迫される。

※国土交通省「三大都市圏の主要区間の平均混雑率の推移（2021）」より

全国ラッシュ時の混雑率ワースト3

※国土交通省「都市鉄道の混雑率調査結果（2019年度版実績）」より

	路線／区間（時間帯）	混雑率
1位	東京メトロ東西線／木場→門前仲町（7:50~8:50）	199%
2位	JR 横須賀線／武蔵小杉→西大井（7:26~8:26）	195%
3位	JR 総武線各停／錦糸町→両国（7:34~8:34）	194%

TRAIN
next
12

停車駅を決めるカギは「利便性UP」と「乗客の確保」

駅の利用者数だけで決めない

鉄道には快速や急行などが停まる駅、停まらない駅があります。こうした停車駅はどのように決められているのでしょうか。

駅の利用者が多く、大きな商業施設があれば必ず電車が停まる駅になるかといえば、決してそんなことはありません。**たとえば、横浜駅では他社線への乗り換えを防いで自社線を長距離利用してもらう狙いで、あえてここを通過する列車も存在します。**

郊外地域では当然ながら列車の本数自体が少なくなります。だからといって利用者が少ない駅をすべて通過してしまうと、路線の利用価値が下がってしまい、他の手段を利用する人も出てくるでしょう。そこで**単純に駅の利用者数で決めるのではなく、快速などの優等列車と各駅停車の接続、沿線の商業施設の利用者数などの状況も考慮しながら、停車駅を決めている**のです。

また、速達性を重視するために列車種別を細かく分け、快速などの優等列車と各駅停車を分散させる方法もあります。近距離の客と遠距離の客を分離することで、混雑を避ける狙いがあるのです。

このように**単純に駅の利用者数で停車駅を決めているわけではない**ので、もし不思議に思う駅があれば、こうした事情から決められた結果かもしれません。

路線の特色が停車駅を決めるカギ

郊外と都市をつなぐ路線には、各駅停車や急行、快速など停車駅が異なる場合も。停車駅を決めるときには、駅の大きさや利便性の向上などを複合的に判断しています。

郊外に通過駅が多く、都市部で各駅停車となる路線
→郊外から都市部への通勤・通学に利用する乗客が多い！

郊外に通過駅が多い

・乗客を分散させて混雑を緩和させる。
・所要時間の短縮。

都市部は各駅停車になる

主要駅での乗り換え時に、混雑を緩和させる狙い。

郊外に各駅停車が多く、都市部で通過駅が多くなる路線

郊外は各駅停車

・郊外の利用者が少なく、できるだけ乗客を多く集めたい。
・都市部への長距離移動をサポート。
・各駅停車にして運転本数を減らす鉄道会社の狙い。

都市部で通過駅が増える

・運行本数を増やすことで乗客を確保し、所要時間を短縮する狙い。

利用者の移動距離でターゲットを分けている

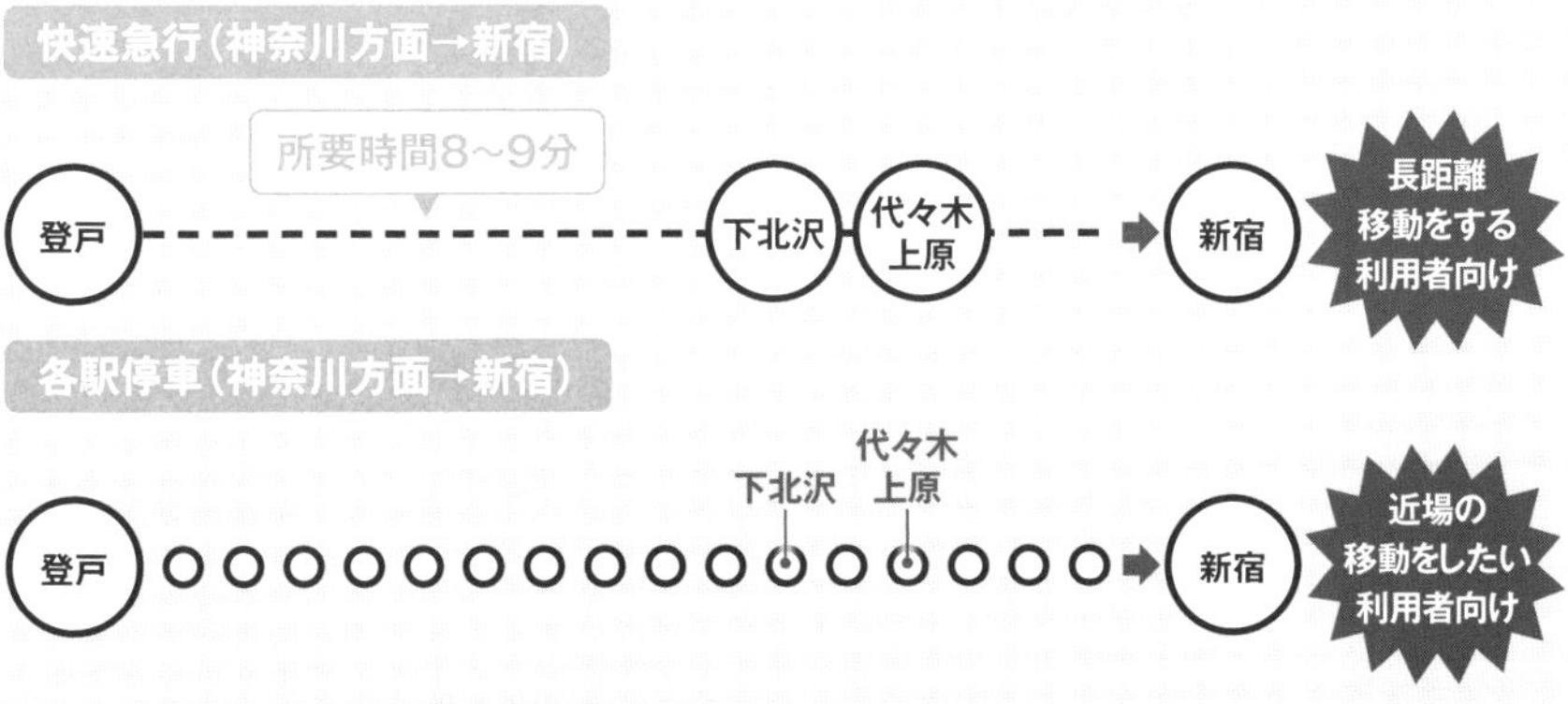

小田急電鉄は快速急行や各駅停車のほかにも、特急（ロマンスカー）、急行、通勤急行、準急、通勤準急の種別を設け、利用者の移動距離に合わせた列車を走らせています。

TRAIN
next
13

地下鉄の車両はどうやって地下に運ばれる!?

他の埋設物を避けてどんどん地下へ

最大で地下40m以上の深い場所を走る地下鉄。車両はどこでつくられ、どうやって地下へと運ばれているのでしょうか。

電車の車両製造工場は国内に複数存在しており、そこでつくられた車両は貨物列車として機関車にけん引されたり、トレーラーに乗せられたりして、所属する路線まで運ばれます。

そして主なケースでは、**地上を走っている区間がある地下鉄はそこから列車を搬入します。**

一方、地上を走る区間のない路線で車両基地が地上にある地下鉄であれば、地下に向かってトンネルが設けられており、そこから車両を搬入します。そもそも**車両基地が地下にある場合もあり、その場合は付近に車両の搬入口が設置されていて、大型クレーンを使用して車両を1両ずつ降ろしていく**のです。

日本一の深さを誇る地下鉄の駅は都営地下鉄大江戸線の六本木駅で、**地上からホームまでの深さは最大42.3m、ビルの高さにたとえると約10階分になります。**これは大江戸線が後発の路線であるうえ、ほかの路線と交差する箇所が多かったから。なかでも六本木駅はほかの埋設物との兼ね合いもあって、最も深い場所につくらざるを得なかったのです。ちなみに大江戸線の六本木駅は、ホームから地上に出るまで平均して6分ほどかかるといわれています。

地下鉄の車両はどうやって地下に運ばれるのか

すべての鉄道路線は車両基地を持っており、車両は基地から線路へと運ばれます。線路も車両基地も地下にある路線では、車両を移動させる搬入口が地上に設けられており、そこから1両ずつ搬入されていきます。

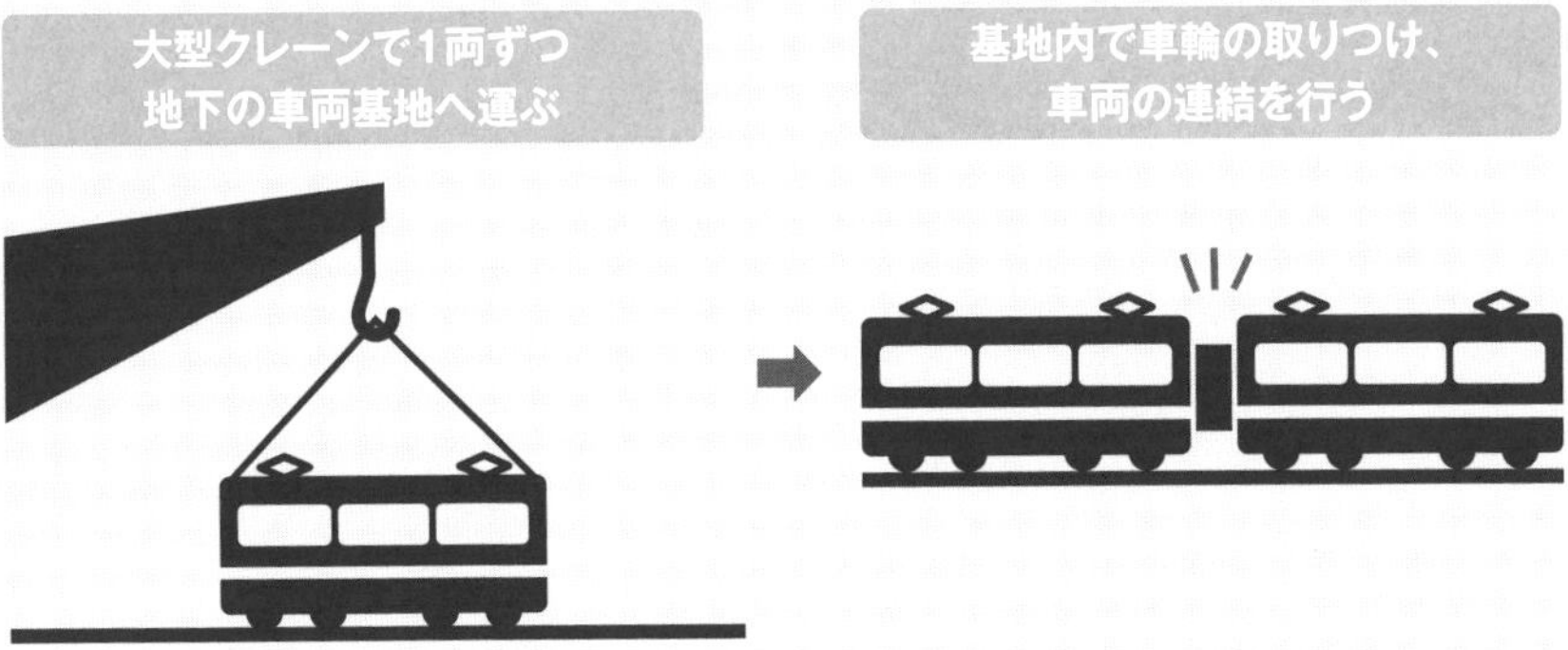
大型クレーンで1両ずつ
地下の車両基地へ運ぶ
基地内で車輪の取りつけ、
車両の連結を行う

地下鉄はどんどん地下深くにつくられる

	地下深くにある駅トップ5
1位	六本木駅（都営地下鉄大江戸線、42.3m）
2位	東中野駅（都営地下鉄大江戸線、38.8m）
3位	国会議事堂前駅（東京メトロ千代田線、37.9m）
4位	後楽園駅（東京メトロ南北線、37.5m）
5位	新宿駅（都営地下鉄大江戸線、36.6m）

都営地下鉄大江戸線の六本木駅を降りて地上に出るまではエスカレーターを乗り継いでおよそ6分かかります。新たに開通した路線ほど、地下深くにつくられる傾向にあります。

もしトラブルの現場を見かけてしまったら？

車掌や駅員に対応してもらう

近年、街中のトラブルをSNS上で見かけるケースが増えてきています。そのトラブル動画には、電車の車内や駅のホームを舞台にしているものも少なくありません。

一般社団法人日本民営鉄道協会が行った「駅と電車内のマナーに関するアンケート」によると、「お客様が迷惑と感じる行為」の上位は、座席の座り方や騒がしい会話、荷物の持ち方などマナー違反に関するものがほとんど。

こうした迷惑行為やマナー違反から乗客同士のトラブルに発展してしまうケースは多く、暴行や傷害といった刑事事件にまで及ぶこともあります。

では、もしあなたがトラブルを見かけたらどうすればよいでしょうか。状況にもよりますが、明らかに周囲に危険が及ぶようであれば、**安全を確保したうえで「非常ボタンを押す」という選択肢があります。**

非常ボタンは「SOS」「非常通報器」などと書かれていて、各車両の端にある連結部付近に設置されていることが多いです。乗務員と通話できたり、直接駆けつけてくれたりするので、自分で解決しようとせずに対応をお願いしましょう。状況によっては、隣の車両に移る、**ほかの乗客と協力して同時に警察へ通報する、という手もあります。**

電車内での主な迷惑行為

※一般社団法人日本民営鉄道協会 2022年度版「駅と電車内のマナーに関するアンケート」より

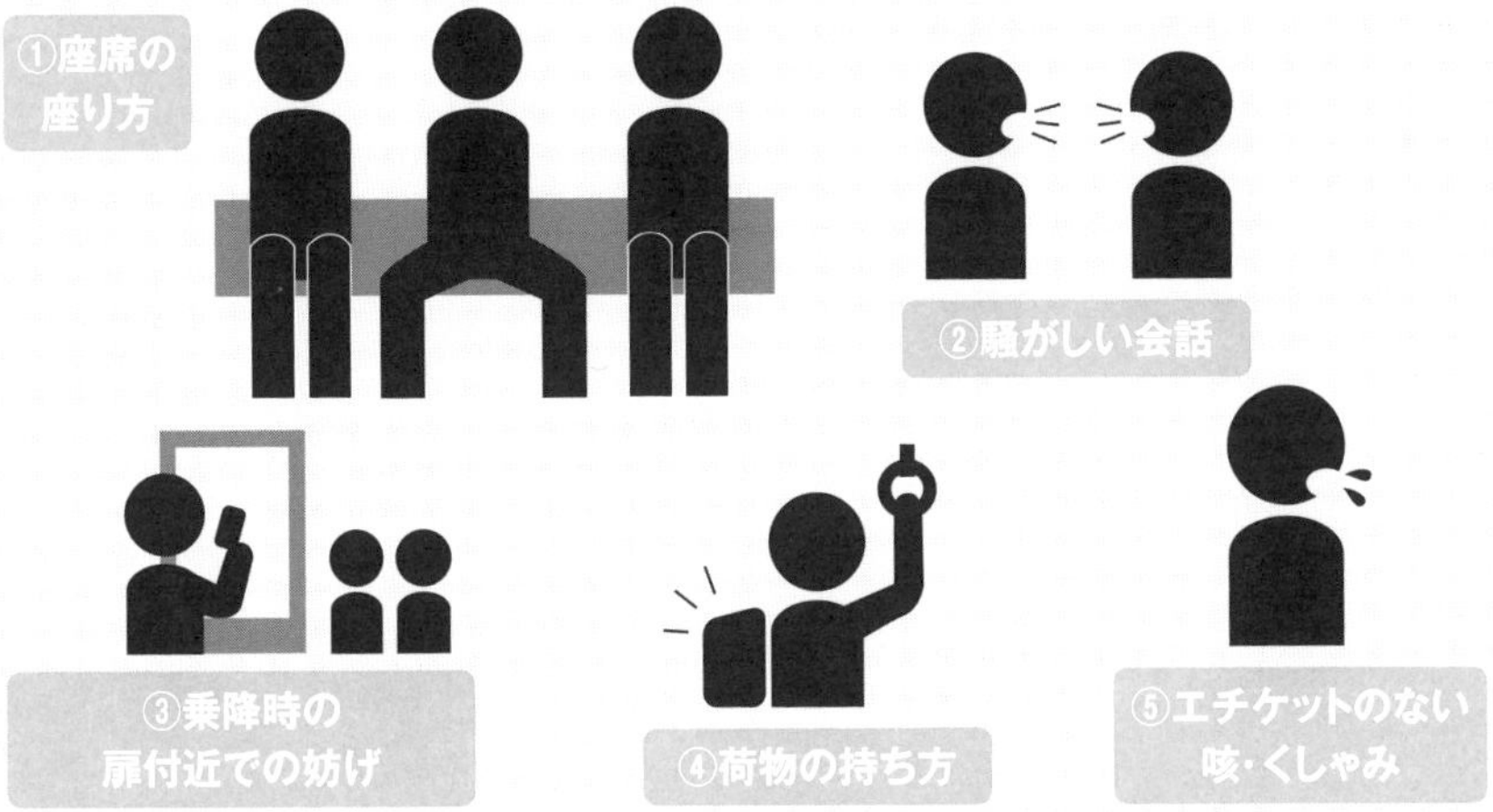
①座席の座り方
②騒がしい会話
③乗降時の扉付近での妨げ
④荷物の持ち方
⑤エチケットのない咳・くしゃみ

危険な状況であれば非常ボタンを押す選択肢も

非常ボタンは「SOS」と書かれた赤いボタンで、各車両の連結部付近に設置されています。

トラブルが起きたときは、非常ボタンを押しましょう。解決しようとむやみに介入すると、思わぬ形でトラブルに巻き込まれる危険があります。

TRAIN
next

15

車内で泥酔・体調不良になってしまったら?

吐しゃ物の清掃は駅員の大きな負担

年末年始などの宴会シーズンには電車利用者のなかに酔客が増えます。ほろ酔いくらいなら大丈夫かもしれませんが、泥酔したときに起こり得るのが車内での嘔吐です。

泥酔した状態、もしくは体調不良で吐き気を催した場合、一番良いのは**自宅に帰ってから吐く、または自前のエチケット袋に吐き、それを自宅で処分すること**です。駅のごみ箱に捨ててしまうと何かの拍子で袋が破れ、ごみ箱が汚れて悪臭に包まれる可能性があります。自宅まで耐えられない場合は、駅のトイレでひと呼吸置くようにしましょう。吐いてしまう場合はやむ得ませんが、大便器が汚れ、吐しゃ物が便器に詰まる可能性があるので注意が必要です。

どうしても耐えられず車内や駅で吐いてしまった場合、そのまま放っておくのはもってのほか。放置していると吐しゃ物に気づかずに踏んでしまう人も出てきます。また、座席に吐かれていることに気づかずに座ってしまうということもあります。ほかにも、吐しゃ物からノロウイルスに感染するといった二次被害の危険があるので、すぐに清掃しなければなりません。もし吐いたら**車掌や駅員に必ず伝えましょう。**最悪の事態にならないよう、まず体調に不安があるときは、快速ではなく停車駅の多い各駅停車に乗ることをおすすめします。

電車内で吐かないようにするための対処法

お酒を飲みすぎないようにする

嘔吐するまでお酒を飲むのは、周りの人に迷惑がかかります。お酒はほどほどしておきましょう。

各駅停車に乗る

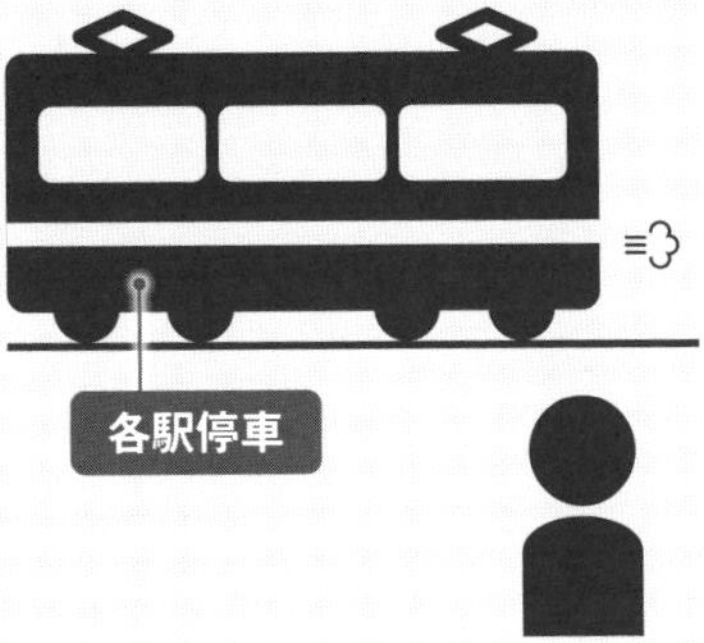

各駅停車であれば、車内で嘔吐してしまう確率を下げられます。気分が悪くなったら一度下車しましょう。

トイレに行く

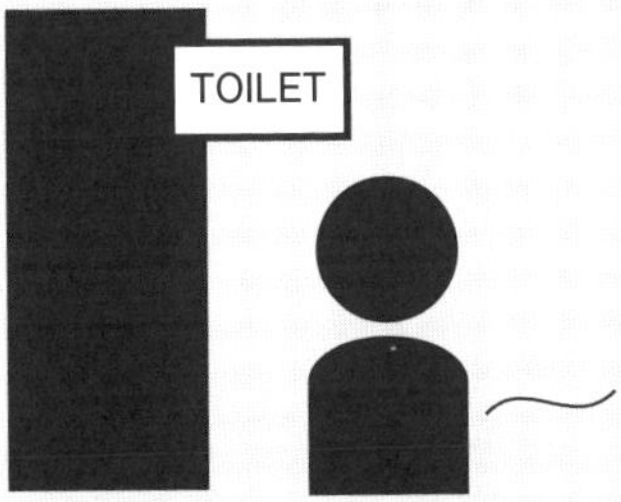

水でうがいをしたり、顔を洗ったり、トイレで少し休んだりすると吐き気がおさまることがあります。

エチケット袋を持参する

嘔吐しそうになった際、エチケット袋を用意しておけば車内を汚さずに済みます。

TRAIN 16

事故や災害で降りられないときのトイレ事情

緊急用の簡易トイレもある

悪天候で電車から長時間降りられなかったという話をたまに聞きますが、昨今の異常気象を考えると他人事ではありません。2023（令和5）年、西日本で災害級の大雪が降った際に、JR京都線・琵琶湖線の電車15本が最大10時間、立ち往生するということがありました。

命に関わる事故には至らず何よりでしたが、駅間で長時間停車している間、乗客にとって大きな問題だったのがトイレです。運転の再開が見込めない場合は、「鉄道会社の職員の誘導に従って降車」するのが一般的ですが、**「一定時間が過ぎたら降車してもらう」という明確なルールがあるわけではありません。**

もちろん、鉄道会社としても電車から長時間降りられないことがないよう、できるだけ駅間で停めない努力をしますが、安全の問題上どうしても避けられない場合もあります。

基本的な対策として、乗車前にトイレを済ませるか、使えるかは時と場合によりますが、予めホームセンターなどで手に入れられる簡易トイレを持っておくのも一つの手です。ちなみに、乗務員は一度乗務を開始したら終点で折り返すか、ほかの乗務員と交代するときでないとトイレに行けません。そのため、利尿作用のあるお茶やコーヒー、お腹を壊しかねない辛いものは避けるといった工夫をしています。

もしものために備えておくことが有効

簡易トイレを持ち歩く

電車に乗る前にはトイレを済ませる

バッグのなかに簡易トイレを入れておく、電車に乗る前にはトイレを済ませておくといった対策が効果的。これから起こるといわれている大地震への防災対策にもなります。

乗務員は日頃からトイレ対策をしている

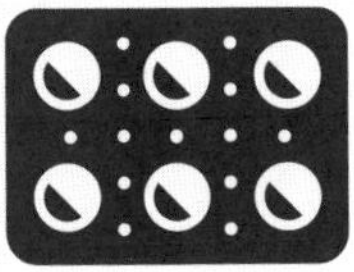

下痢止め

コーヒー

お茶

辛いもの

乗務員は利尿作用のあるお茶やコーヒーを控えたり、お腹を下さないようトウガラシなどの辛いものを勤務前に控えたりしています。また、もしものときのために下痢止めを常備しています。

TRAIN 17

終電で乗り過ごしてしまったときに役立つライフハック

状況に応じた選択を

降りるべき駅をうっかり寝過ごしてしまった……そんな経験をした人は少なくないかもしれません。もしもそれが終電の場合だったら、うっかりではすみません。

終電で寝過ごしたら、まずは家までの距離を考えましょう。交通費節約のために度々長距離を歩いてきた私の感覚では、自宅までの距離が５km以内にあるなら、徒歩でも帰宅は可能です。ただし**知らない土地だったり、スマホのバッテリーが残りわずかだったり、翌日早朝から予定があったりする場合は、タクシーを利用しましょう。**何より事故やトラブルに巻き込まれないことを優先してください。

帰宅が無理なら、**ネットカフェを利用するのがおすすめです。**夜は割安で利用できる店も多く、朝までなら2000円もあれば過ごせる場合がほとんど。また、24時間営業のカラオケ店やファミリーレストランで過ごすという手もあります。お酒を飲んでいない場合なら、シェアサイクルを利用するのもおすすめです。周囲に施設がなくどうすることもできない場合は公園で過ごすという手段も。

終電で終着駅まで寝過ごしてしまうと、まわりに滞在できる施設が何もないこともしばしば。寝過ごして途方に暮れることのないよう、十分注意しましょう。

終電で寝過ごしたときの過ごし方

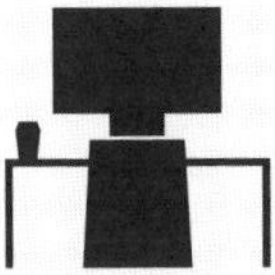

①ネットカフェに泊まる

予算目安：1000～3000円

②歩いて帰る

予算目安：0円

③カラオケボックスに入る

予算目安：1500～3000円

④ファミレスに入る

予算目安：500～1000円

⑤公園で時間をつぶす

予算目安：0円

⑥ビジネスホテルに泊まる

予算目安：5000～9000円

⑦カプセルホテルに泊まる

予算目安：2500～4000円

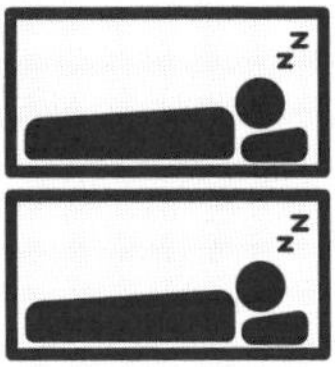

⑧タクシーを使う

予算目安：距離に応じる

※深夜22時から翌朝5時まで2割増しになります。

⑨シェアサイクルを利用する

予算目安：1時間400円

終電や始発の仕事はどう対応している？

夜中をまたぐ業務は泊まり勤務

朝早くから走り出し、深夜遅くまで走っている電車。駅員は、電車が走っていない時間帯にどうやって職場に向かったり自宅に帰ったりするのでしょうか。その答えは実に簡単。**終電後は家に帰らずに駅に泊まり、翌朝は引き続きその駅で勤務しています。**基本的に駅員の夜中をまたぐ業務は泊まり勤務というわけです。

一般的な会社では1日8時間労働ですが、駅員は9時～翌9時の2日にまたがる24時間のうち、16時間労働しています。残りの8時間は5～6時間ほどの仮眠時間や休憩時間です。

しかし終電から始発までの間は4時間ほどしかない場合が多いもの。そのため、**駅員は基本的に終電を対応する人、始発を対応する人に分かれて業務を行っています。**前者は終電の対応をしてから仮眠を取って6時ごろから勤務を再開し、後者は朝4時ごろから始発の対応をするために終電を迎える前に仮眠を取るといった具合です。ただ、小さな駅では、始発の時間に駅員がおらず、問題発生時には他駅がインターホンで対応する場合もあります。

このように、終電や始発の仕事は基本的に泊まり勤務で対応していますが、私が以前職場の人に聞いた話では、地方の路線では終電後に車で帰り、始発までに車で出勤する場合もあるそうです。

終電対応時の駅員の勤務ルーティン

終電の対応をする駅員は泊まり勤務をしています。ここでは終電対応時の実際の勤務ルーティンを見てみましょう。

勤務開始

9:00

朝の通勤・通学ラッシュが落ち着く時間帯で、前日泊まりで勤務していた駅員と交代し、勤務がはじまります。

帰宅ラッシュ～終電対応

17:00

ラッシュの時間帯にはできるだけ多くの駅員で利用者の対応にあたります。その後、適度に休憩をはさみながら終電まで利用者に対応します。

仮眠

1:00ごろ

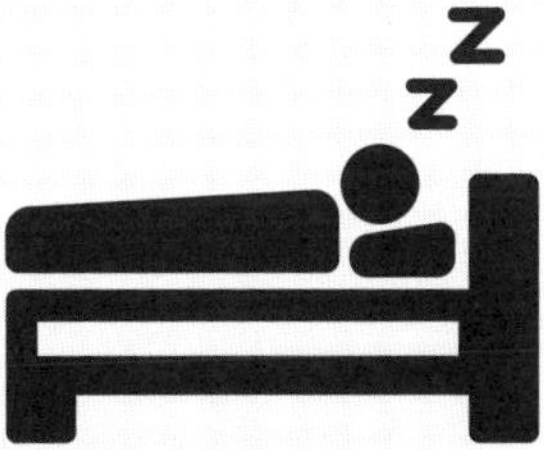

終電後、駅構内を点検してから仮眠を取ります。朝4時ごろには、始発を対応する人が業務を開始します。

朝のラッシュ対応

6:00

朝の通勤・通学ラッシュに対応します。9:00には交代の駅員が到着し、泊まり勤務が終了します。

TRAIN
next bac
19

鉄道運転士になるにはどうすればいい？

駅員や車掌の経験を経て運転士に

鉄道運転士は「動力車操縦者運転免許」を取得しなければなりません。免許を得るには鉄道会社に就職し、駅員や車掌として勤務するなかで、乗客は鉄道にどういったものを求めているかを数年間かけて学びます。そのうえで、国土交通省認可の養成施設で教育訓練を受ける必要があります。まず鉄道の専門学校に行かないと鉄道運転士になれないと思っている人もいるかもしれませんが、実はそれ以外からの採用も多く、大卒者の割合も増えています。

身体的な**受験資格では、視力（矯正視力を含む）**が両眼で1・0以上、片眼でそれぞれ0・7以上であること。**正常な視野**を有し、**色覚が正常**であること。**聴力では両耳とも5m以上の距離で、ささやく言葉を聴取**できること。そして操縦に支障を及ぼす疾病や身体機能の障害がなく、**アルコールなどの依存症状がない**ことが挙げられています。

また、気になる給料についてですが、厚生労働省の「令和3年度賃金構造基本統計調査」によると、鉄道運転士の平均年収は40・3歳で約615万円となっており、高く感じるかもしれません。ただし、ほどんどの場合、新卒で入社後すぐではなく、年功序列で基本給が上がってから鉄道運転士になるうえ、残業時間が長い場合もあるため、一概に比較はできません。

運転士になるまでのプロセス

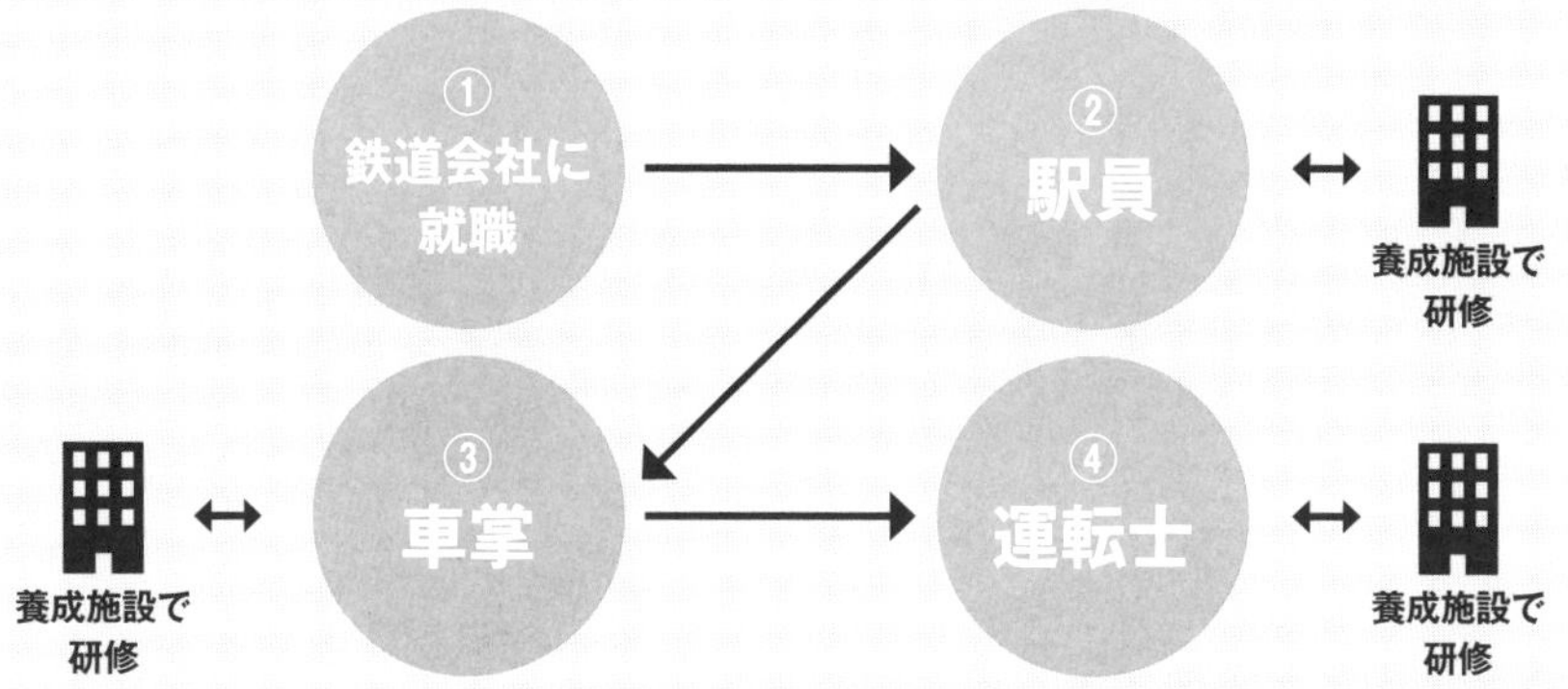

運転士になるためには、まずは鉄道会社に就職する必要があります。入社後は駅員や車掌を経験し、適性検査で適性があれば、8〜9カ月ほど養成所で訓練を受け、受験資格を得ることができます。受験に合格して、ようやく運転士になれるのです。

鉄道運転士になるにはたくさんの条件がある

電車の運転士になるには、資格や実務経験だけでなく身体的にクリアしていないといけない条件もあります。いくつかの例を紹介します。

養成施設で教育訓練を受け「動力車操縦者運転免許」を持っている。

・両眼視力1.0以上（片眼それぞれ0.7以上）。

※眼鏡やコンタクトレンズをつけた状態も可

・視野、色覚に異常がない。

5m 以上離れた場所から発せられたささやき声程度の音を聞き取ることができる。

アルコール依存の症状がない。

TRAIN 20

あなたは知っている？日本各地の多様な駅名

長い駅名は更新が続いている

日本には約1万の駅が存在しますが、なかには意表をつく面白い駅名があります。たとえば**難読で有名なところでは、**JR宗谷本線の音威子府駅は「おといねっぷ」駅と読みます。その意味はアイヌ語で「川口のにごっている川」、「川尻を歩くと泥んこになる川」だそうです。

本州にある難読駅ではJR山陰本線の特牛駅で、「こっとい」駅と読みます。四国ではJR徳島線の「府中」駅で、これを「ふちゅう」と呼んでしまうのは、おそらく関東の人でしょう。徳島線の府中駅は「こう」駅と読みます。

次に「日本一長い駅名」を見てみましょう。

それは**富山地方鉄道の、読み仮名数が32字である「トヨタモビリティ富山Gスクエア五福前（五福末広町）」停留場**です。それまで1位だった京福電気鉄道北野線の「等持院・立命館大学衣笠キャンパス前」を抜いて2021（令和3）年に1位になりました。長い駅名は注目を浴び、地域のPRにもなるので、更新され続けています。つまり、駅名が長ければそれだけインパクトがあるので、競争が生まれるのです。

反対に「日本一短い駅名」は、**JR紀勢本線と近鉄名古屋線、伊勢鉄道伊勢線が交わる津駅**です。津駅は「世界一短い地名・駅名」としてギネスに登録されています。

日本の駅名は1文字から32文字まである

日本一長い駅名

トヨタモビリティ
富山《とやま》G《ジー》スクエア五福前《ごふくまえ》
(五福末広町《ごふくすえひろちょう》)

2021(令和3)年1月1日に駅名を変更した富山地方鉄道の駅。文字表記は25文字、音読数は32文字で、日本一長い駅名です。長い駅名は地域のPRにもなるため、最長記録が更新され続けています。

日本一短い駅名

津《つ》

JR東海紀勢本線、伊勢鉄道伊勢線、近鉄名古屋線が通る三重県津市の駅。漢字表記も読み仮名数も1文字の、日本一短い駅名です。

著者厳選！　難読駅名5選

大楽毛《おたのしけ》
JR根室本線
(北海道釧路市)

アイヌ語由来の駅名。「大」をオと読み、「楽」をタノシと読む発想が難しい。

下総松崎《しもうさまんざき》
JR成田線
(千葉県成田市)

松崎をマンザキと読むのは難しい。下総も下総国を知らないとシモソウと読んでしまいそう。

信貴山口《しぎさんぐち》
近鉄信貴線
(大阪府八尾市)

山の名前だと分からないと山口をヤマグチと呼んでしまう。

浅海井《あさむい》
JR日豊本線
(大分県佐伯市)

海をムと読むのが難しい。私も一発で読むことはできなかった。

奥武山公園《おうのやまこうえん》
ゆいレール
(沖縄県那覇市)

沖縄は独特の地名が多そうだが難読駅は少ない。ただしここは難読。

駅弁？ 新聞？ きっぷ以外で最初に売り出されたものは何？

日本初の駅弁はおにぎり弁当

鉄道旅のお楽しみの一つが駅弁。**最初の駅弁は宇都宮駅で1885（明治18）年に販売**された、竹の皮に包まれたおにぎり弁当といわれています。ただ、店の売り物としては**「新聞」が最も古く、1872（明治5）年**に品川～横浜間で『日新真事誌』の販売が許可されたという記録が残っています。

駅の売店といえば、鉄道に関する施設として知られる「KIOSK」。この店名は小さな建物を意味する「あずまや」のトルコ語に由来します。1932年に鉄道弘済会が売店を開いたことがはじまりで、その後1973年に、**駅の売店の名称を関係者から募集して決まったのが「KIOSK」**でした。

その後、KIOSKのような駅の売店という形式ではなく、コンビニエンスストアも登場。その先陣を切ったのが「NewDays」で、現在JR東日本の駅ナカにおよそ500店舗ほど店を構えています。

現在では、セブンイレブンやファミリーマート、ローソンといった大手コンビニエンスストアの参入も目覚ましく、普段よく使うコンビニのポイントカードが使えたり、各コンビニのオリジナル商品であるパンや弁当など、馴染みのある商品が買いやすくなったりするため、利用者には好評です。

駅内の物販は新聞からはじまった

1872（明治5）年

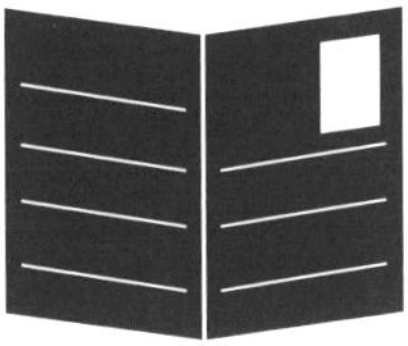

新聞『日新真事誌』発売
品川〜横浜間で新聞販売が許可されました。

1875（明治8）年

列車内での座布団貸し出しサービス（有料）開始
当時の列車の座席はすべて木製。移動を快適にできると大人気だったそうです。

1885（明治18）年

駅弁の販売開始
宇都宮駅で弁当が登場します。おにぎり2つとたくあんが竹の皮に包まれて販売されました。（諸説あり）

1899（明治32）年

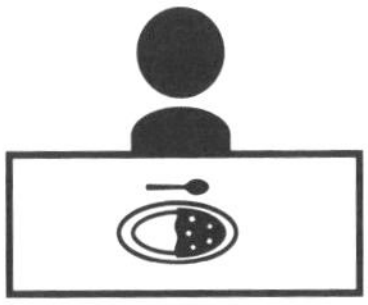

食堂車営業開始
山陽鉄道の急行列車1等車に食堂つきの車両が登場します。当時のメニューは洋食に限られていました。

1932（昭和7）年

売店が誕生
上野駅や東京駅の構内でKIOSKの前身となる売店がオープン。

1973（昭和48）年

KIOSKが誕生
鉄道弘済会売店からKIOSKへと名称が変更されました。

JRが取り組む鉄道事業以外のチャレンジ

鉄道以外のビジネスにも積極的なJR

現在のJRは鉄道以外のいろいろな事業に参入していますが、これは**1987（昭和62）年の国鉄分割民営化に伴ってあらわれた大きな変化です。**それまで国鉄は、日本国有鉄道法によって鉄道事業以外への進出は大きな制限がありましたが、その制限がなくなったため、そのほかの事業ができるようになったのです。

たとえば、駅構内のコンビニエンスストア、喫茶店、フィットネスクラブ、新幹線内の車内販売や食堂車の営業などを展開。**今まで外部の企業に頼っていた業務を自社で行うようになったことで、コスト削減にもつながっています。**

また近年では、マンションやアパートなどの物件を販売したり、自社で商業施設を開設し、そのテナント料で収益を得たりといった、**不動産事業を展開している鉄道会社も多いです。**コロナ禍の影響で鉄道利用からの収入が減少傾向にあるなか、こういった不動産事業をはじめとする副業を積極的に行うことで、経営を維持している部分もあるのです。実際、南海電鉄ではコロナ禍の真っ只中だった2020年に、不動産事業が好調で黒字を記録したことが大きな話題になりました。

減収などのさまざまな事情により多角経営せざるを得ない側面を持つ鉄道会社。これからも新たなビジネスを展開するかもしれません。

鉄道会社が取り組むさまざまなビジネス

コンビニエンスストア

JR東日本はオリジナルのコンビニエンスストア「NewDays」を展開。現在約500店舗を出店しています。

カレー屋

京王電鉄グループでは、カレーチェーン「カレーショップ C&C」を展開。都内を中心に18店舗を出店しています。

駐車場

JR東日本では高架下の空きスペースを駐車場として整備し、時間貸しする事業を行っています。

ホテル

JR各社では駅ビル直結のホテルや自然に囲まれたホテルなどを運営しています。

フィットネスクラブ

JR東日本では、首都圏の駅ナカ・駅チカを中心に、フィットネスクラブ「ジェクサー」を運営しています。

きのこの栽培

JR九州では廃線となったトンネルを使ったきのこ栽培が行われていました。

TRAIN
next
23

日本の鉄道が左側通行な理由

車だけでなく鉄道にも決まりがある

日本の道路交通法では、歩行者は右側通行、自動車は左側通行と定められています。これはお互いに、対面通行のほうが相手を認識できるという安全のためなのです。

同じように、**日本の鉄道も左側通行に定められています。**山手線で「外回り」「内回り」といった表現がありますが、これも左側通行と決まっているからこそ成り立つ表現です。この場合、**時計回りの方向に回るものが「外回り」反時計回りの方向に回るものが「内回り」です。**しかし、日本国内にも例外があり、秋田県内の秋田－大曲間は右側通行をする様子を見ることができます。ここは秋田新幹線と奥羽本線の普通列車が走る区間ですが、秋田新幹線と奥羽本線では線路の幅が異なるため、秋田駅側から見て左側に新幹線の線路、右側に在来線の線路があります。そのため、タイミングによっては右側を走る在来線を左側から新幹線が追い抜くという光景も見ることができます。

そもそも**日本が左側通行に統一されているのは、左側通行のイギリスの技術支援があったからです。**ちなみにイギリスが左側通行なのは、馬に乗るときムチを操りやすいからとされています。一方、イギリスの影響を受けていない国は右側通行が多く、ドイツやアメリカでは交通機関は右側を走ります。

電車が左側通行の国と右側通行の国がある

左側通行の国

日本、イギリス、フランス、イタリア、スイスなど

右側通行の国

ドイツ、アメリカなど

日本の鉄道が左側通行なのはイギリスの影響

日本ははじめて鉄道をつくるときにイギリスから技術を輸入したため、そのまま左側通行が採用されました。日本人に左側通行が受け入れられたのには、江戸時代の作法が関係しているという説があります。

日本の武士

刀が相手に当たって
はいけないのじゃ

武士はすれ違う相手に鞘を当てないよう、左側を歩くのが作法でした。

イギリスの馬車の御者

右手でムチを
打つからね

荷馬車でムチを打つとき、周りに当たらないよう左側を走っていました。

Column 1

いい大人なんだから、吐くのはやめましょう

p.42『車内で泥酔・体調不良になってしまったら？』でも紹介しましたが、駅員にとって吐しゃ物は怨敵《おんてき》です。もちろん病気などやむを得ない事情があるケースもありますので、以下は「酔客が吐いてしまった」ことへの私の本音です。

鉄道は社会を支える重要なインフラですが、営利企業でもあります。たとえば花屋で気分が悪くなって吐いたとしたら、きっと誰もが店員に謝るでしょう。もし商品を汚してしまったら、弁償するという考えになるはずです。にもかかわらず鉄道では「吐いてしまったが黙って立ち去る」事態が横行しています。常に職員の目が行き届いていないというのも理由ではありますが、通常ならあり得ません。

自分のものならまだしも、他人が酒に酔って吐いたものを見せつけられ、悪臭を感じながら清掃する。それも仕事のうちだと言われてしまえばそれまでかもしれませんが、せめて吐くなら家に帰ってからにしてほしいものです。

居酒屋では「客席やトイレを吐しゃ物で汚した場合は清掃料１万円」といった貼り紙をよく見かけます。金額が妥当かどうかはさておき、鉄道も同じくいろいろとコストがかかるので、そうした意識を持って利用してほしいと思います。

第2章

鉄道のしくみの話

当たり前のように走ったり止まったりしている電車ですが、一体どんな原理で動いているのかご存じですか？ 本章では、鉄道のしくみについてわかりやすく解説します。

電車が動くしくみ

電気が動力となり車輪が回転

日本の鉄道車両で、最も普及しているのは電気を動力とする電車です。かつてはディーゼルエンジンで動くディーゼルカーや、石炭を燃やしたときの熱で水蒸気を発生させて動力とする蒸気機関車が主流でした。

電車の利点は、ディーゼルカーや蒸気機関車と異なり燃料を補給する必要がないということです。電車に電気を供給するための設備をつくるには莫大な費用がかかりますが、燃料を運ぶ手間が省けるため、高頻度で運行する場合にはエネルギー効率に優れるといえます。

電気を動力とする電車において、動かすときのポイントとなるのがモーターと車輪です。電線を通って送られてきた電気が、電車内部のモーターに伝わることで車輪が回転。そうすると、レールと回転する車輪の間で摩擦が起こり、その摩擦が電車を進ませるための動力となります。

またモーターに電気を伝える前に、制御装置というものをはさみます。これは電流の向きや電圧を変化させる装置で、**悪天候時や年数が経ってレールにサビが生じたときでも、変わらず通常通りの滑走をできるように調整してくれるという役割があります。**電車は効率のよさだけでなく、安全性も担保されている優れた乗り物なのです。

電車のしくみ

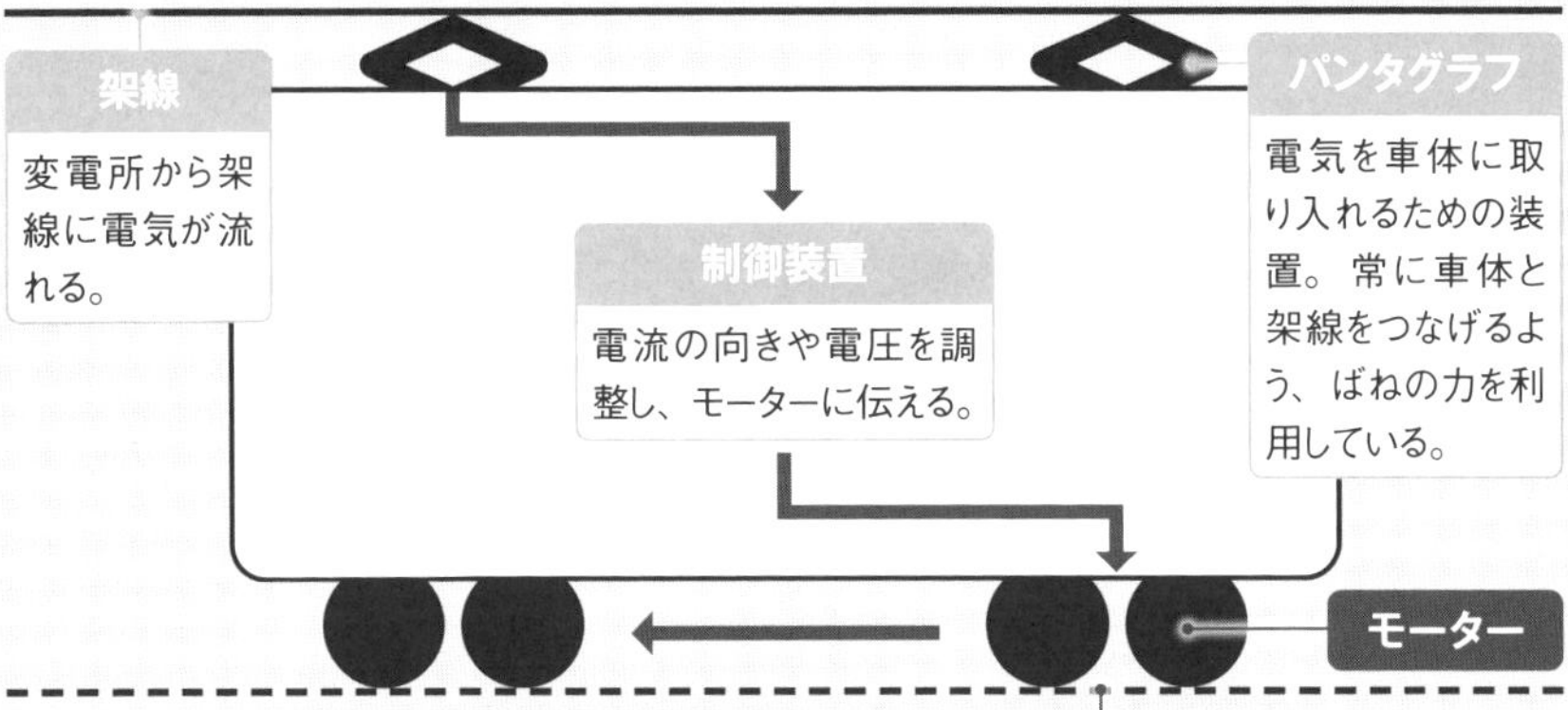
架線
変電所から架線に電気が流れる。
制御装置
電流の向きや電圧を調整し、モーターに伝える。
パンタグラフ
電気を車体に取り入れるための装置。常に車体と架線をつなげるよう、ばねの力を利用している。
モーター
レール

架線を流れている電気をパンタグラフが車体へ取り込み、制御装置で電流を調整してからモーターへ送ることで、安定した運転ができます。

モーターの回転とレールの摩擦で前に進んでいる

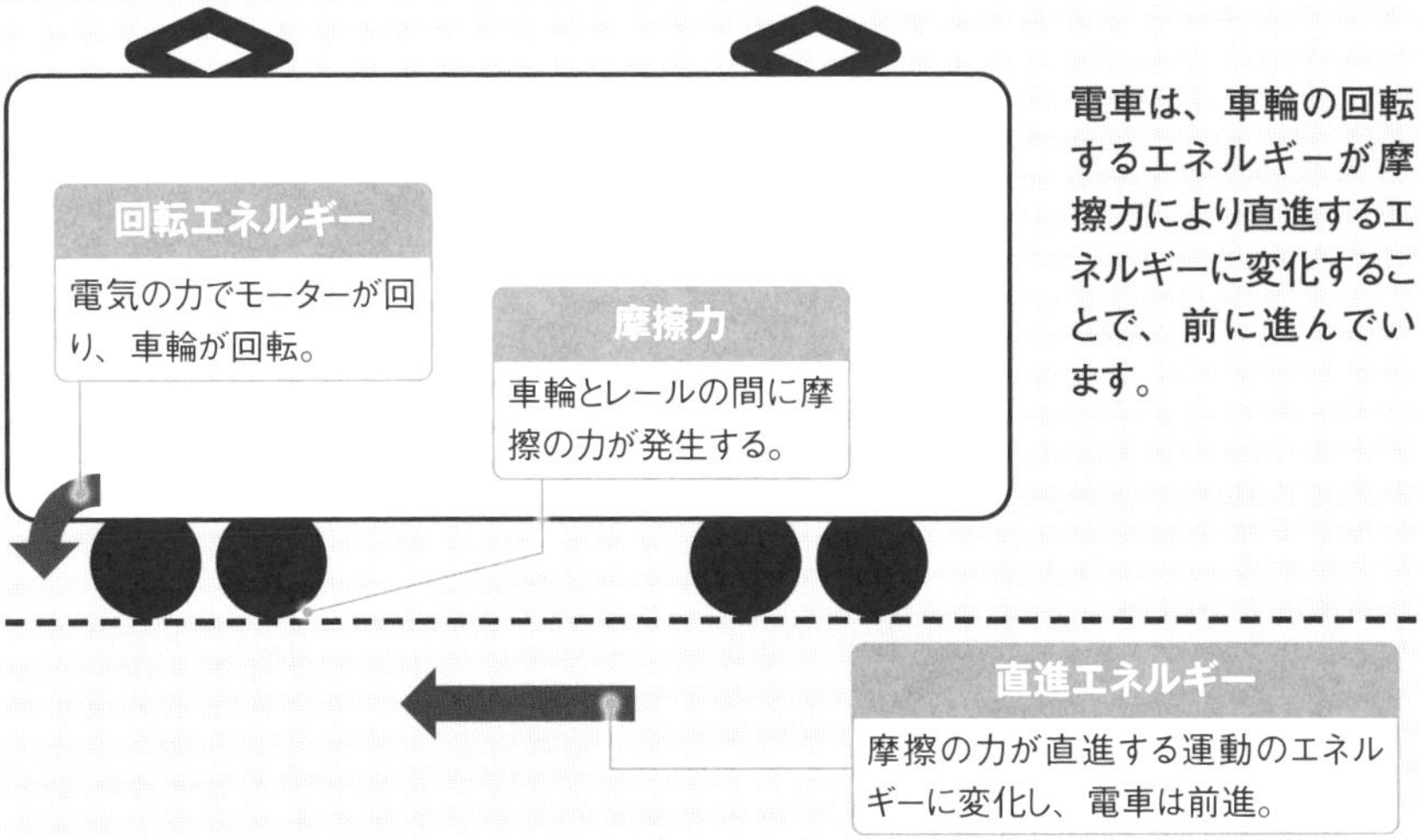
回転エネルギー
電気の力でモーターが回り、車輪が回転。
摩擦力
車輪とレールの間に摩擦の力が発生する。
直進エネルギー
摩擦の力が直進する運動のエネルギーに変化し、電車は前進。

電車は、車輪の回転するエネルギーが摩擦力により直進するエネルギーに変化することで、前に進んでいます。

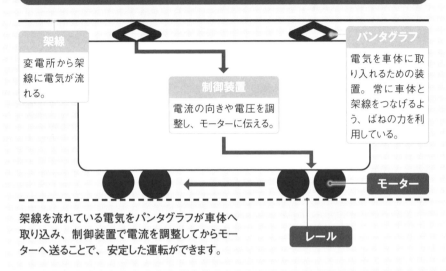

電車を動かす電気は電線からレールまで流れている

電車には電流が流れるルートがある

電気というものは、電流の流れる道筋（回路）がないと流れることはありません。たとえば、よく電線に平然と止まっている鳥。電気の流れるものに触れても鳥が感電しないのは、それ以外のものに触れていないからです。もし片足がほかの電線に触れていたり、電柱に触れていたりすると、電気の逃げ道ができてしまうので感電します。

電気を流すにはいろいろと満たすべき条件がありますが、電車はどのように電気を流しているのでしょうか？

まず、発電所でつくられた電気は変電所を経由して、架線という電車に電気を流すための電線を通っていきます。そして、電車の屋根部分に設置されたパンタグラフと呼ばれる装置が、架線から電気を車内に取り込みます。取り込まれた電気は、モーターを制御する装置や、車内の照明・空調の電源元に流れます。そのあと電気はモーターに伝わり、それによって車輪が回り、電車が動くのです。また、車輪は地面のレールと接触しているので、電気は車輪からレールを経由して変電所へと帰っていくという流れがあります。

電車は、このように**電気を取り込み、そして逃がすルートが確保されており、それによって動かすことができる**のです。

電気は抵抗大→小へ流れる

両足で同じ電線に乗っている場合

電線
電気抵抗大
電気抵抗小

電流は電線にしか流れず、感電することはありません。これは鳥の体内の電気抵抗のほうが電線(金属)の電気抵抗よりも大きいためです。

体の一部がほかの電線に触れた場合

電線
電線

鳥の体の一部がほかのものへと触れたときは、電流が鳥の体内を通り、違うものに抜けていくルートができるため、鳥は感電します。

電車は電流が流れるルートがあるから動く

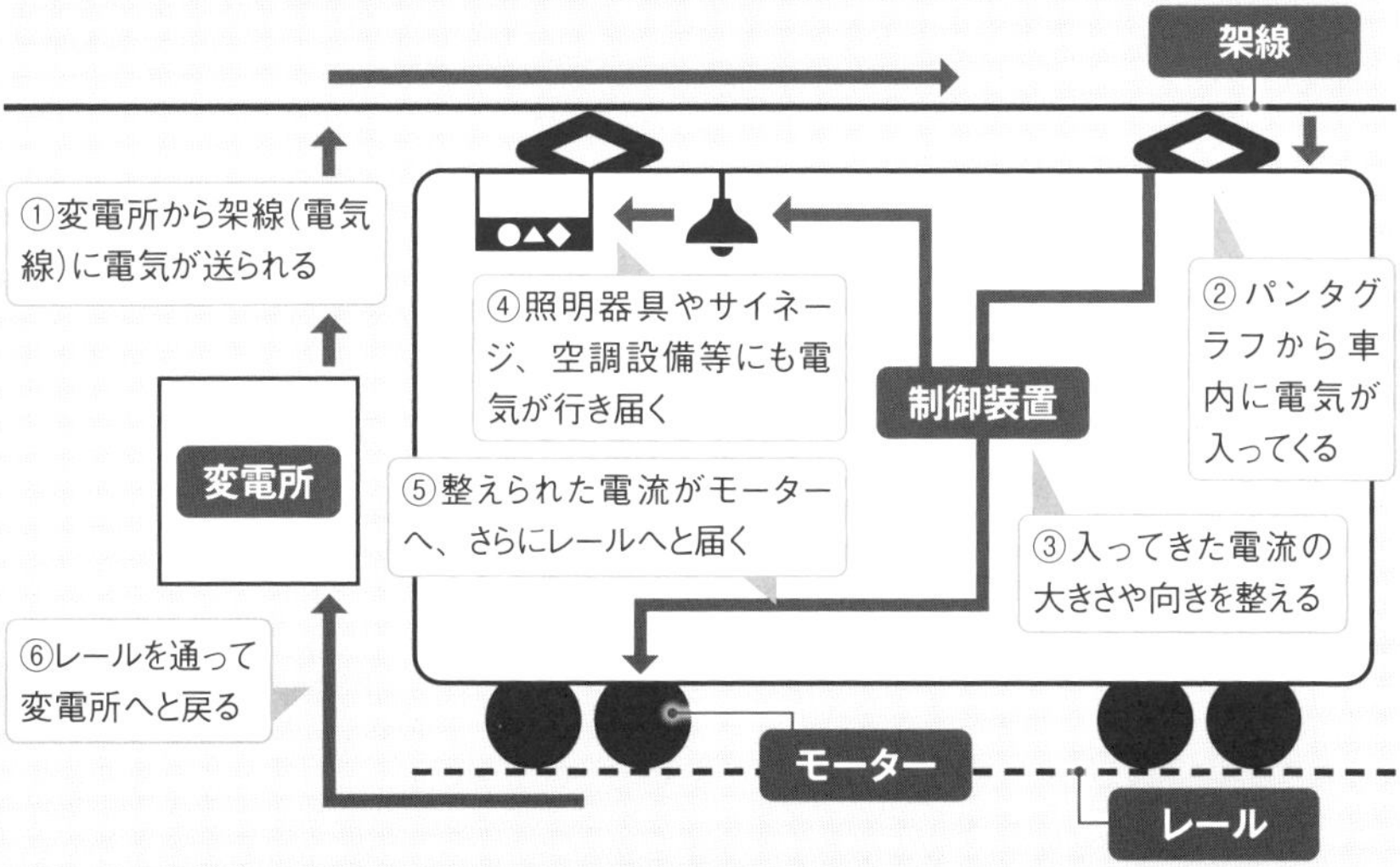
架線
①変電所から架線(電気線)に電気が送られる
②パンタグラフから車内に電気が入ってくる
③入ってきた電流の大きさや向きを整える
④照明器具やサイネージ、空調設備等にも電気が行き届く
⑤整えられた電流がモーターへ、さらにレールへと届く
⑥レールを通って変電所へと戻る
変電所
制御装置
モーター
レール

電気は、変電所から架線へと送られた電気が車体へ届き、レールを伝って変電所へと戻るルートをたどります。電気の入り口と出口があるため、スムーズに電流が流れ続けるのです。

電車を安全に止めるためのブレーキのしくみ

主に2種類のブレーキがある

技術の進歩によって電車の走行速度が上がっているなか、電車を止めるためにかかる時間を短縮するという役割を担っているのがブレーキです。

ブレーキには多くの種類がありますが、代表的なのが摩擦ブレーキと電気ブレーキ。これはどちらかを搭載するというものではなく、両者を併用して場面に応じて使い分けています。**摩擦ブレーキは、回転する車輪にストッパーのようなものを押し当ててブレーキをかけるという単純なしくみです。一方、電気ブレーキは、モーターを前に回す力と逆方向に力を加えることによって、車両を止めています。**また同時に、電池を使わないタイプの自転車のライトのように、車両を減速させる力を利用して発電しています。厳密には少し違いますが、おおよそこういったしくみです。

発電ブレーキはその電力を使わずに捨ててしまいますが、回生ブレーキはその電力を、後ろを走る電車の動力として使うことができます。そうなると、発電ブレーキより回生ブレーキの方が優秀と思うでしょう。しかし、周りにほかの電車が走っていない場合は電力を逃がすことができず、ブレーキが利かなくなってしまうのです。そのため、回生ブレーキは摩擦ブレーキなどほかのものと併用する必要があります。

摩擦の力で車体を止める「摩擦ブレーキ」

踏面ブレーキ

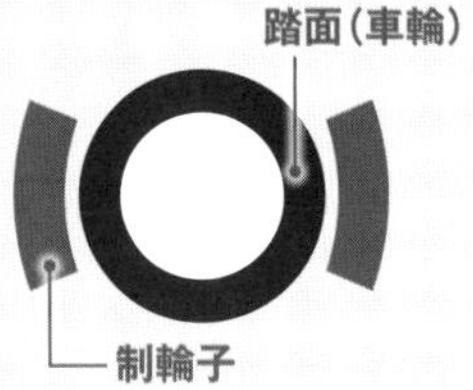
踏面(車輪)
制輪子

車輪の側面に、制輪子を押しつけ車両を止めます。図のように制輪子が2つある「両抱き式」のほかに、制輪子が一つの「片押し式」があります。

ディスクブレーキ

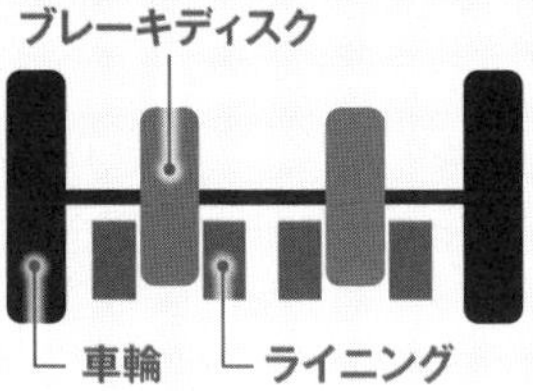
ブレーキディスク
車輪
ライニング

車軸につけられたブレーキディスクと呼ばれる円盤に、ライニングを押しつけることで車両を止めるブレーキです。

レールブレーキ

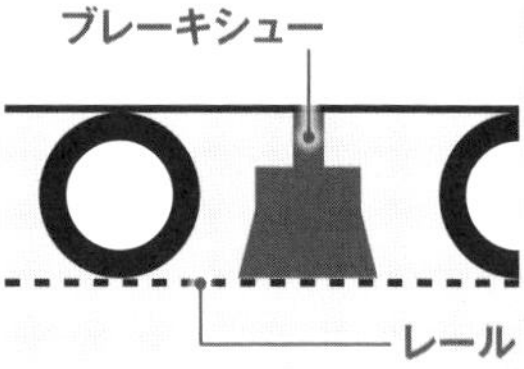
ブレーキシュー
レール

台車につけられたブレーキシューを、空気圧や油圧を使って直接レールに押し当てることで車両を止めます。急こう配でも使うことができるため、日本では箱根登山鉄道で採用されています。

電気の力で車両を止める「電気ブレーキ」

回生ブレーキ

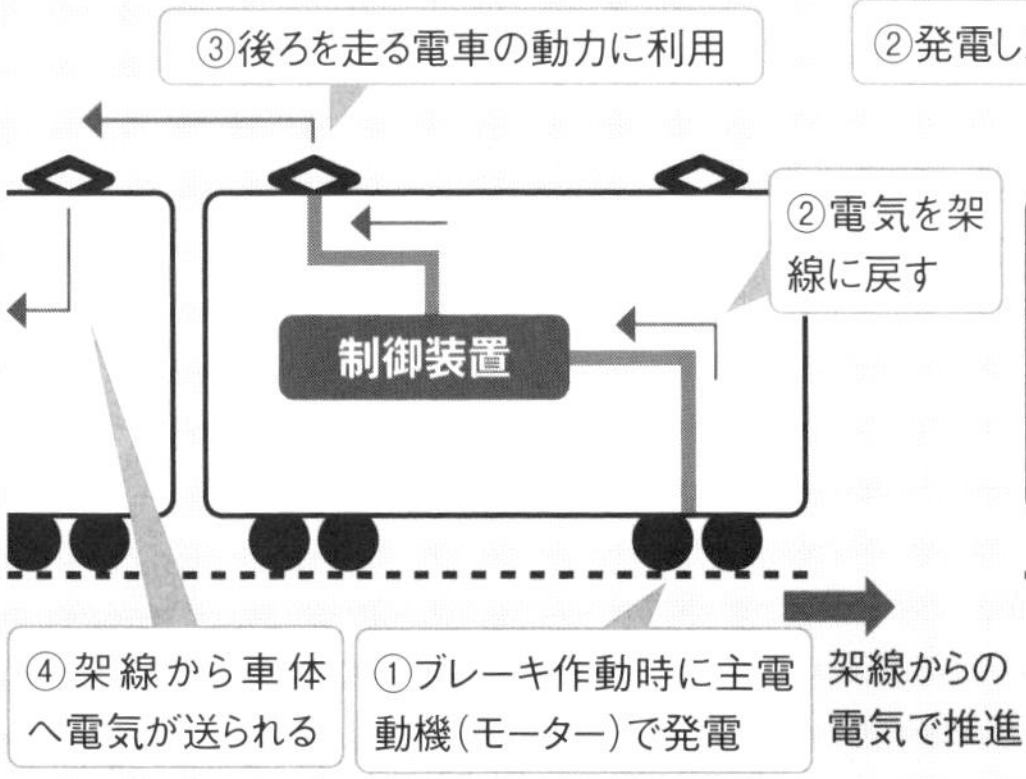
③後ろを走る電車の動力に利用
②電気を架線に戻す
制御装置
④架線から車体へ電気が送られる
①ブレーキ作動時に主電動機(モーター)で発電
架線からの電気で推進

主電動機(モーター)は、電気を流すと回転して電車の動力となり、反対に外から力を加えて回転させると発電します。

発電ブレーキ

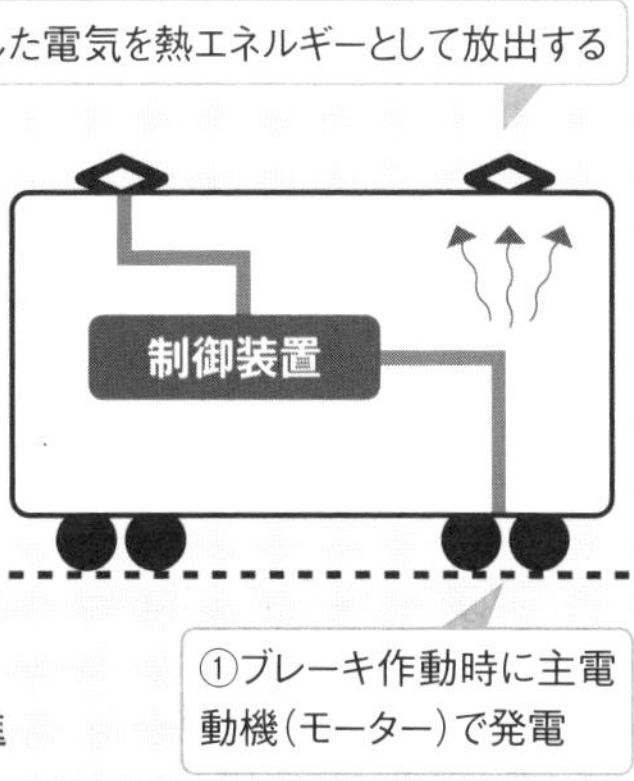
②発電した電気を熱エネルギーとして放出する
制御装置
①ブレーキ作動時に主電動機(モーター)で発電

回生ブレーキが開発されるまで主に使われていたブレーキ。発電した電気は、熱エネルギーとしてそのまま大気中に放出します。

レールの下に木が敷いてあるのはなぜ？

線路の木の板には意味があった！

鉄道を走らせるのに必要不可欠な線路。その線路のレールの下に、木の板が敷かれているのを見たことはありませんか？　実はこの板、ちゃんとした役割を担っているのです。

この木の板は枕木《まくらぎ》と呼ばれ、レールの下に等間隔で敷かれています。そうすることで**レールの幅が一定になり、安定した状態で鉄道を走行させる**ことができます。

また、車両はかなり重量があるため、その重さでレールが地面に沈み込んでしまう危険性があります。しかし、枕木を敷いておけば、**接地面積が増えて負担を分散させることができるので、レールが沈み込むのを防ぐことにもつながる**のです。

枕木はバラストと呼ばれる砂利の上に置かれ、この構造をバラスト軌道といいます。枕木だけでなく**この砂利にも役割があり、枕木が地面に食い込むのを防いだり、走行による騒音を吸収したり、雨が降ったときに水はけをよくしたりします。**

このバラスト軌道に対してコンクリートでつくられたスラブ軌道というものがあります。コンクリートは耐久性に優れており、ほかの材質より長持ちするというのが長所ですが、水はけはさほどよくなく、騒音も吸収しづらいという短所があります。

線路に枕木と砂利が敷かれたバラスト軌道

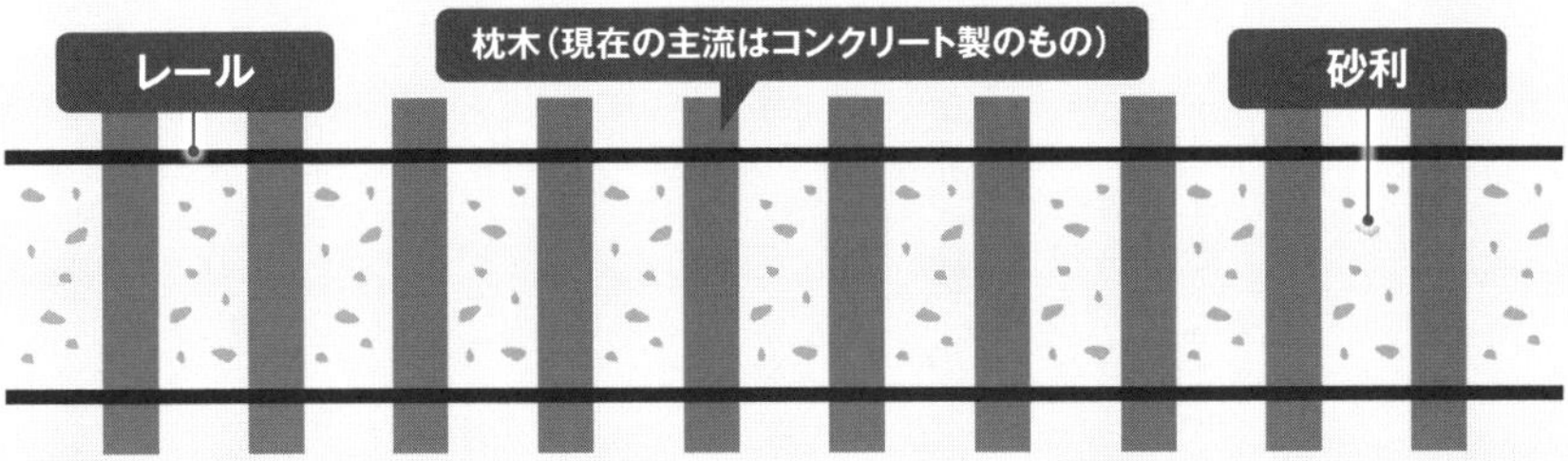
レール
枕木（現在の主流はコンクリート製のもの）
砂利

バラスト軌道のメリット

- レールの幅を一定にして、乗り心地をよくする
- 砂利が走行中の音・衝撃を吸収する
- 水はけがよい
- 車両の重さが分散され、レールが地面に沈みにくくなる
- 低コストでつくることができる

バラスト軌道のデメリット

- 強度が低く変形する恐れがある
- メンテナンスに手間がかかる
- 自然災害時に壊れやすい

コンクリート板で線路を覆うスラブ軌道

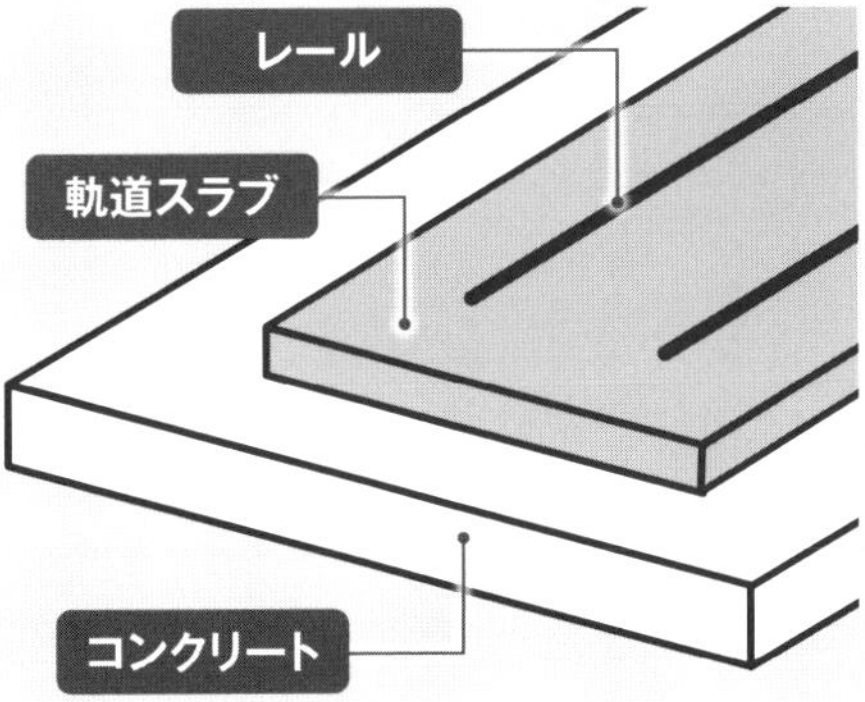
レール
軌道スラブ
コンクリート

スラブ軌道のメリット

- 強度が高い
- メンテナンスが比較的ラクに行える
- 自然災害時に壊れる危険性が少ない
- 重量が軽いため高架橋にも使いやすい

スラブ軌道のデメリット

- 初期コストがかかる
- 一度壊れると修理が大変
- 騒音・振動が大きい
- 水はけが悪い

TRAIN
next back
5

鉄道の信号機ってどうなっている？

最大6灯のライトで指示

自動車用の道路と同じく、鉄道の走る線路にも信号機が設置されています。鉄道用の信号機は、自動車用のものと同様に赤色・黄色・緑色の3色が使われていますが、ライトは3灯のものだけではなく、**2灯から6灯までとかなり種類が豊富**です。

では、ライトの色や点灯の仕方によってどんな意味があるのでしょうか？ 赤色と黄色、緑色のライトが1個ずつの3灯のものは、赤で停止、黄で注意して走行、緑だと通常の速度で進行することができます。自動車用の信号機では黄が基本的に「止まれ」を意味する一方で、鉄道用では進んでもいいのです。

このほかに、赤1個、黄3個、緑1個からなる5灯のものもあります。5灯で特徴的なのは、黄が2個点灯で警戒を表し、黄1個と緑1個が点灯で減速を表すということです。自動車の場合、前の車との車間距離の確保はドライバーに任されており、またぶつかりそうになればハンドルを操作して避けることもできます。しかし鉄道の場合、急ブレーキはできず、レールの上を走るため、衝突を避けるには止まるしかありません。そのため**信号機と信号機の間を1区間とし、1つの区間には1列車しか入れないようにして衝突を防いでいます**。このしくみを閉そくといいます。

安全を守るために5つの指令がある鉄道の信号機

運行本数の多い首都圏の鉄道では、安全性のために最大5〜6灯ものライトがついた信号機を採用しています。ここでは5灯式の指令表示法を紹介します。

5灯式信号機の場合

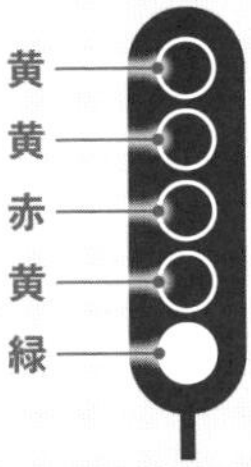

進行

列車同士の車間距離が十分取れており、通常通りの速度で運転してよいという表示です。

減速

黄色と緑が1個ずつ点灯した状態。時速65km 以下、または時速75km 以下で走行する必要があります（制限速度は、鉄道会社が独自に定めることができます）。

注意

黄色が1個点灯している状態。前の列車と距離が近いことを意味し、時速45km 以下、または時速55km 以下で走行する必要があります。

警戒

黄色が2個点灯しているときには、時速25km 以下とかなり徐行して運転することが求められます。

停止

赤信号のときには、ブレーキをかけて赤ランプが点灯している信号機の手前に止まる必要があります。

ライト6灯の信号機には「高速進行」という表示が加わっています。これは通常よりも速く、時速160km で走行することができます（成田スカイアクセス線で採用）。

運転士が倒れてしまったときも自動で止まるシステムがある

もしものときに備えた鉄道の設備

最高時速１００㎞を超えて走行することもある電車。速いうえに多くの乗客を乗せるため、走行には危険性が伴います。そこで鉄道には、万が一のときのための設備が備わっています。

たとえば、運転士が電車の走行中に倒れてしまった場合。何十㎞もの速度が出ている状態で運転士が倒れてしまうと、操縦する人が不在となるので大変危険です。**このような場合に備えて、ＥＢ装置（Emergency Brake＝緊急列車停止装置の略）、デッドマン装置というものがあります。**前者は、走行中に運転士がいずれかの運転操作を60秒間行わないとブザーが鳴るしくみです。それでも反応がない場合は、運転士に異常があると判断し、自動で非常ブレーキがかかります。後者は、車両を制御するペダルやマスターコントローラーにスイッチがついており、一定時間運転士がそのスイッチを操作していない状態が続くと警報音が鳴ります。反応がなければＥＢ装置と同様に、非常ブレーキが自動でかかります。

また緊急時には、人の手で非常ブレーキをかけ、電車を停止させることも可能です。**運転士だけでなく、電車の後ろに乗務している車掌も非常ブレーキをかけられます。**前はもちろん後ろからも、常に電車の安全を確認し、緊急時にとっさの判断ができるよう備えているのです。

運転士に異常が起きても事故を防ぐしくみ

鉄道は事故を防ぐために多くの安全装置が設置され、どのような異常にもしっかり対応できる体制が整えられています。

EB装置

運転士が60秒間、運転操作をしないと……
アラームが発動

5秒以内にアラームを解除しないと列車は自動的に停止します。

デッドマン装置

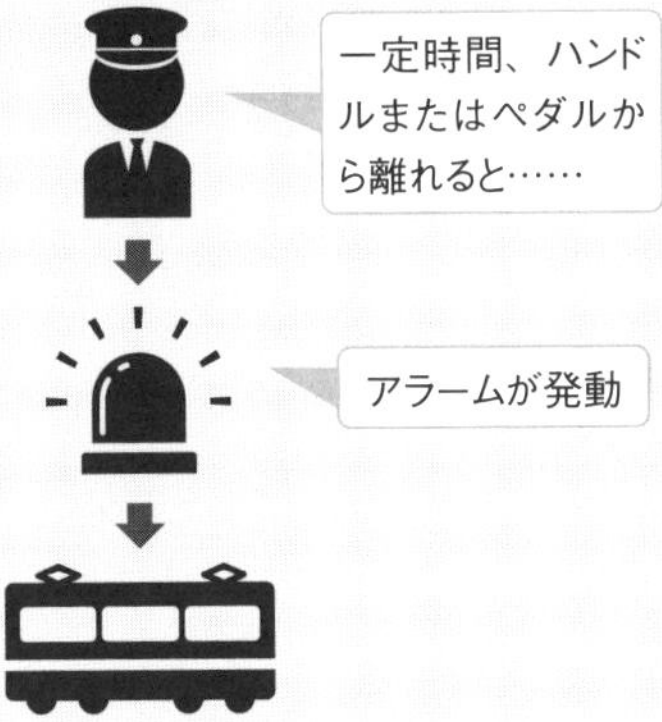
一定時間、ハンドルまたはペダルから離れると……
アラームが発動

ハンドルの裏、もしくはペダルに設置されているデッドマン装置。運転士の体から離れると、一定時間経過後に非常ブレーキがかかります。

乗客の安全を守る駅構内のさまざまな装置

ホームドアの設置

設置が進められていますが、設置率が最も高い東京都でも、設置されている駅は5割弱に留まっています(2022年3月時点)。

ホーム端の点字ブロック

ホームの端に点字ブロックが設置されています。必要としている人がいるため、ブロックの上で立ち止まったり、荷物を置いたりしてはいけません。

列車非常停止ボタン

線路内に人が立ち入ったり、転落したりした際に押すことで、電車を非常停止させることができるボタンです。

電車のシートの形がいろいろある理由

シートの形によって長所と短所がある

鉄道車両に必ず備わっている座席。その形は車種によってさまざまですが、主にロングシートとクロスシートの2つに分けられます。それぞれにはメリットとデメリットがあります。

ロングシートは座席の配置が鉄道の走る向きと平行になっており、窓側を背にして座るタイプのもの。車両の側面に沿った配置なので、**座席のないスペースを広く確保することができ、立ったまま乗車する人を多く収容する**ことができます。そのため、通勤でよく使われている車両にこのロングシートを採用しています。しかし、座れる乗客の数は減り、また車窓から外の景色を眺めづらいのが難点でしょう。

クロスシートは座席が鉄道の走る向きと垂直に配置されたタイプのものです。従来は向かい合わせのボックスシートが多数派でしたが、近年では西日本を中心に座席の向きを変えられる転換クロスシートが主流となっています。車窓からの景色を楽しみやすいのがメリットですが、座席が乗客で埋まっている場合、窓側に座っている人が出入りしづらいのがデメリットでしょう。また、着席した人が通路側に荷物を置いて座席を占有し、結果として着席人数が減ることもあります。昨今では、**両方のメリット・デメリットを考慮し、ロングとクロスを組み合わせた座席もつくられています。**

通勤電車に使われるロングシート

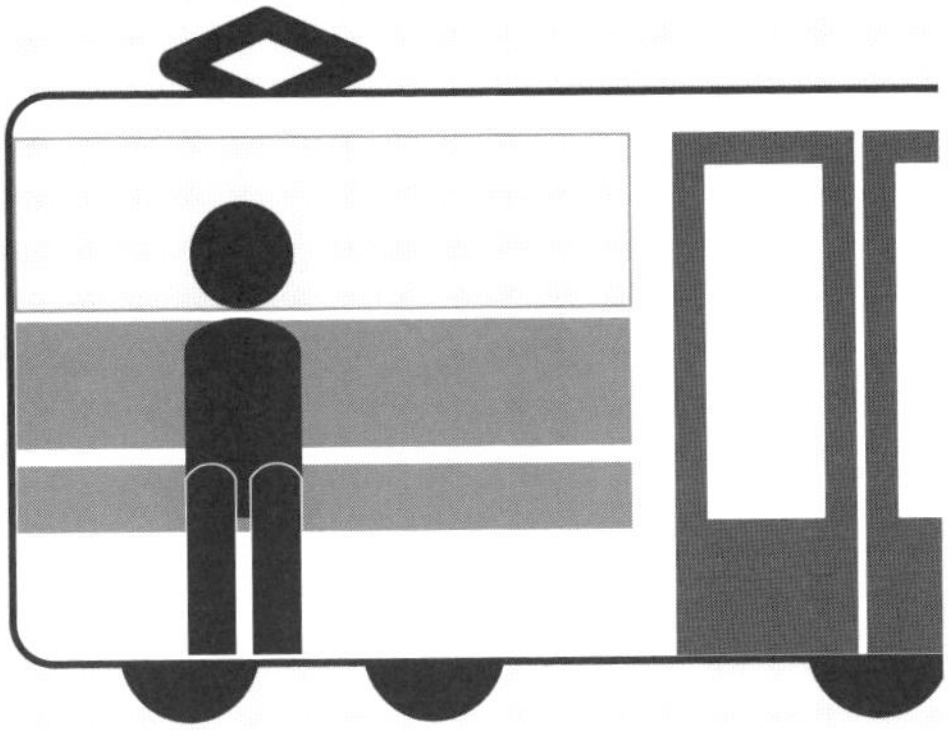

メリット

・座席以外のスペースが広く、立ったまま乗車する人を多く収容できる
・乗り降りがしやすいため短時間の乗車が便利
・製造コストが低い

デメリット

・座れる乗客の数が少なくなる

多くの人が席に座れるクロスシート

メリット

・多くの人が席に座ることができる
・車窓の景色を楽しむことができる
・長距離移動をするときに便利
・大人数での移動に向いている

デメリット

・立ったまま乗車するスペースが限られる
・乗り降りがしにくい

※背もたれだけが前後に移動できる転換クロスシートも存在します。

首都圏の大手私鉄で導入が進むデュアルシート

ロングシートとクロスシートの両方を設定できるのがデュアルシートの特徴。ロングシートは一般車両として、クロスシートは有料車両として運行されています。

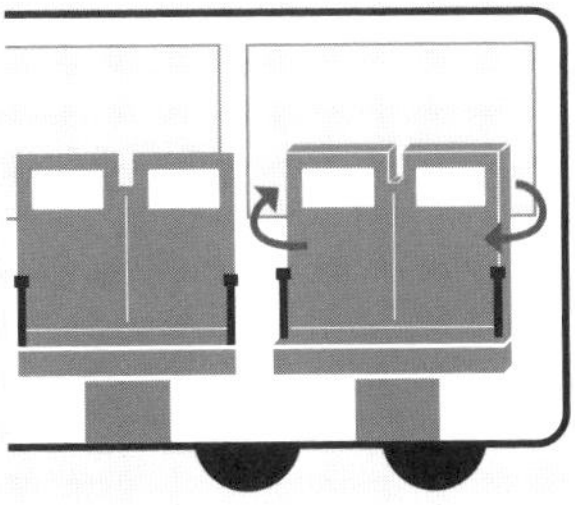

ドアの大きさも電車の輸送力に関係している

スムーズな乗り降りのための工夫

混雑時や通勤・帰宅ラッシュの時間帯は多くの人が電車を利用します。**乗車や降車の時間を短縮できれば、その分運行本数を増やせたり、スムーズな運行ができたりというメリットが生まれるもの。**そこで重要になってくるのが、乗り降りに不可欠なドアです。この大きさや数によって、車両に収容できる人数や乗り降りにかかる時間が違ってきます。

まずポイントとなるのがドアの幅です。**ドアの幅が大きければ、それだけ一度に乗り降りできる人数が増え、ドアを開いている時間を短縮することにつながります。**そうすれば、遅延のリスクが減って予定通りの運行がしやすくなるのです。しかし、ドアの幅が広いとその分座席の数が減ってしまいます。ドアの開閉や乗客の乗り降りにかかる時間か、着席できる人数か。路線の利用状況に合わせて、どちらを取るかが決め手になるでしょう。

次に、ドアの数も重要です。**ドアの数が多いと、幅が大きいときと同じく一度に乗り降りできる人も多くなるので、これも乗り降りにかかる時間の短縮につながります。**そのため、かつてはひと車両に5つや6つのドアを設置している路線も。しかしホームドアの整備や混雑率の緩和に伴って姿を消し、現在は4つのドアのものが一般的になっています。

ドアの幅を広げて大人数の乗り降りに対応

ドアの幅を広げて乗り降りの時間をできる限り短縮することによって、遅延を防いだり、運行本数を増やしたりしているのです。

1300mm

一般的な通勤電車に設置されるドアの幅です。大人が同時に3人乗り降りできるサイズとして設計されています。

1800mm

東京メトロ東西線の車両で使われているドアの幅。大人4人が並ぶことができます。

2000mm

かつて小田急線で採用されていた、日本の電車史上最も幅の広いドア。現在は開口幅が1600mmに改造されています。

4ドアが主流になった背景

5ドア車

6ドア車

混雑率の高い路線では、乗降をスムーズにするために5ドア車や6ドア車などドアの多い車両が導入されていました。

ホームドアの導入

近年では、列車の接触による人身事故を防ぐため、ホームドアを設置する駅が増加。

4ドア車

ホームドアと車両のドアの数の規格に合うように、4ドアが主流になっています。

TRAIN 9

つり革や荷物棚もどんどん進化している

快適に乗車するために設備も進化！

毎日多くの人が利用する電車。その構造は使いやすさを考えたものになっています。注目して見てみると、実はさまざまな工夫が施されているのです。

つり革は、立ったままでも安全に乗車するために必要な備えです。これをつかんでいることで、走行中に車体が揺れても、乗客は転ばずに済みます。最近では、あらゆる人が利用しやすいような工夫も見られ、**つり革の長さをばらばらにして身長の高い人も低い人も、それぞれが持ちやすいようになっています。**

荷物棚は、乗車中に荷物を置いておけるスペースですが、座席の上部にあるのが一般的です。そのため、小柄な人はなかなか利用しづらいもの。そこで棚の位置を5㎝ほど低めに配置した車両が増えています。たとえば山手線では、従来のE231系では167・8㎝だった荷物棚の高さが新型車両のE235系では162・8㎝へと下げられています。また、**棚の下に座っている人への圧迫感の軽減や忘れ物防止のために、荷物を置く部分を透明なガラスにしたものも多くなってきました。**そんな便利な荷物棚ですが、座席に座ってしまうと置いた荷物が視界に入らなくなってしまいます。置き忘れて電車を降りてしまわないよう、利用するときは十分注意が必要です。

バリアフリー化するつり革

従来の車両では同じ高さにつり革が並んでいるのが主流でしたが、近年は身長の低い人やお年寄りも使いやすいような工夫がされています。

2種類の高さのつり革を設置する

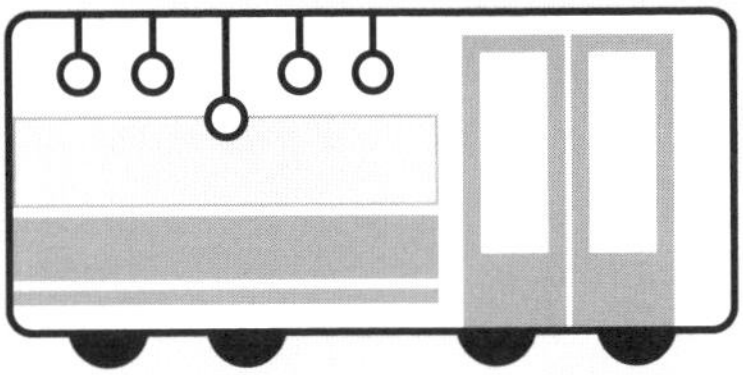

さまざまな身長の人が利用しやすいように調整。たとえばJR東日本では、168cmのつり革、163cmのつり革が使われています。

優先席の前のつり革を低くする

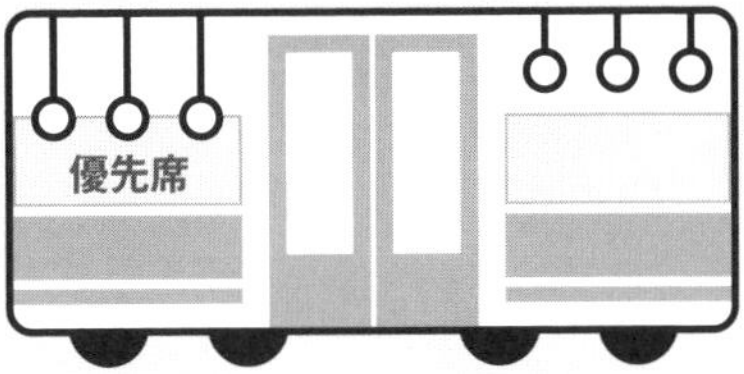

高さの調節に加えて、つり革の色をよく目立つ黄色にする場合も。混雑時にも優先席であることを認識しやすくする効果があるといわれています。

座席に座っている人にも配慮した荷物棚

従来は金属パイプの枠組みにネットが張られたものが主流でしたが、より快適・安全に使えるように進化しています。

金属パイプを複数本並べたデザイン

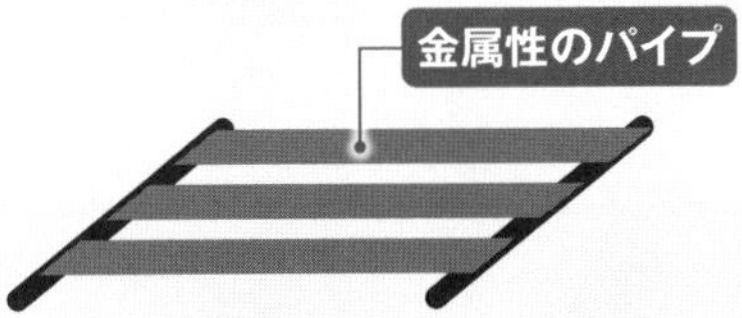

網よりも強度がある構造です。一方でパイプの隙間から小さな荷物が落下して座っている乗客に当たったり、頭上に圧迫感を感じたりするといったデメリットもあります。

ガラス板を使ったデザイン

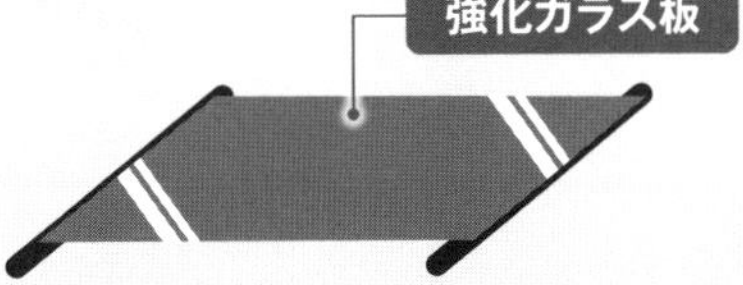

アルミ製のフレームに強化ガラス板をはめこんだ構造です。荷物が落ちてしまうことがないため安全性が高く、下から荷物がすけて見えるため忘れ物防止策にもなります。

TRAIN
next back
10

電車の空調設備はどうなっている？

電車には冷暖房機能が備わっている！

当たり前のように電車内に備わっている空調設備。特に夏場に活躍する冷房機能は、暑いなかの移動を快適にしてくれる、なくてはならない機能です。

電車の空調設備は、もとをたどると**車両内に扇風機がついているものが最初で、そのあと冷房機能の備わった「冷房車」へと変化**しました。夏でも比較的涼しく、快適に過ごせるような空間になったのです。また、従来は車掌が空調の強弱を適宜調節し、車内の温度管理を行っていましたが、現在では車内に備えつけたセンサーによって自動で調節されるようになりました。

近年では、**温度設定をほかの車両よりも高くした「弱冷房車」**というタイプも登場。基本的には温度が2度高くなるように設定されたものが多く、また車両の編成にもよりますが、1編成につき弱冷房車は1、2車両存在します。この車両なら冷房で体が冷える心配も少なく、より多くの人のニーズに合わせた、利用しやすい環境になってきているといえるでしょう。

さらには暖房機能も完備されています。これは座席の下部分に設置されており、冷房車・弱冷房車関係なく同じ温度設定になっています。

冬は強暖房車や弱暖房車になるわけではないので、暑さや寒さを感じたら衣類の脱ぎ着で調節しましょう。

+2度に設定されていることが多い弱冷房車

通常の車両
(JR 東日本の場合)
25℃
2度高い!
弱冷房車
27℃

鉄道会社・路線によって異なりますが、弱冷房車が2度高くなるように設定している場合が多いです。通常の室内とは異なり頻繁にドアの開閉があることから、全体的に低めの温度設定になっています。

弱冷房車の位置は路線によって異なる

JR 東日本の場合

弱冷房車
4号車

山手線や京浜東北線などの短距離での利用が中心の路線は4号車にあることが多いです。長距離を走る上野東京ラインなどでは8号車に設定されることが多いです。

東京メトロの場合

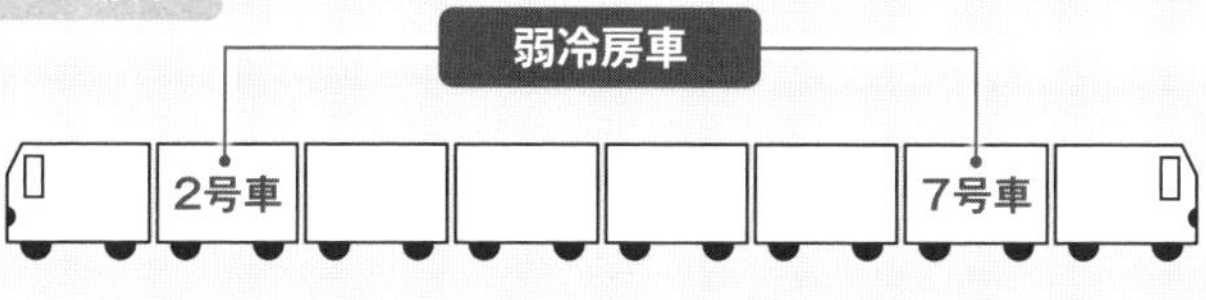
弱冷房車
2号車
7号車

東京メトロの場合は他社との直通運転が多いため、弱冷房車の号車はまちまち。ただし、先頭車両には設定されないということは共通しています。

電車にはハンドルがないのになぜカーブできる？

曲がれる秘訣は車輪の構造にあった

電車は常に真っすぐなレールの上を走るのではなく、右や左にカーブをしながら進んでいきます。しかし電車には自動車のようなハンドルはありません。では、どうしてカーブを曲がれるのでしょうか。

電車がカーブできる理由は、車輪の形がポイントとなっています。車輪というと自動車のタイヤと同じ円筒形をイメージしてしまいがちですが、電車の場合は帽子を横向きにしたような形をしています。

線路上のカーブに敷かれたレールは、内側のほうが短く、外側のほうが長くなっています。スムーズにカーブするためには、本来であれば内側と外側で車輪の回転数を変える必要がありますが、左右の車輪は1本の車軸でつながっているため、それはできません。そこで、**車輪を帽子のような形にして、内側を通る車輪は直径が短い部分を、外側を通る車輪は直径が長い部分を使う構造にしています。**こうすることで、車輪1回転あたりの進む距離を左右で変えて、スムーズにカーブすることが可能なのです。

しかし、それだけでは脱線の危険性がありま す。それを防ぐのがフランジ。出っ張った形（帽子のつばのような形）をしており、車輪の内側についています。これがストッパーの役割を果たし、曲がるときの脱線を防いでいるのです。

電車には自動車のようなハンドルはない

電車の運転席にあるのは基本的には自動車でいうアクセルとブレーキ。自動車のようなハンドル（操舵装置）はありません。

ブレーキ
アクセル

カーブを曲がるポイントは車輪の形

帽子を横向きにしたような車輪の形に注目です

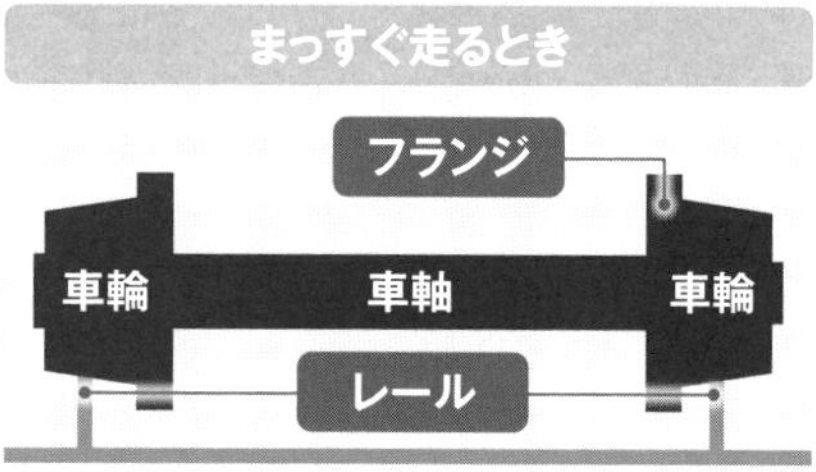
まっすぐ走るとき
フランジ
車輪
車軸
車輪
レール

またカーブ部分のレールは、内側よりも外側を高めに設定している所もあります。この高さをカントといい、こうすることで遠心力の影響を抑え、安定したカーブ走行が可能に。

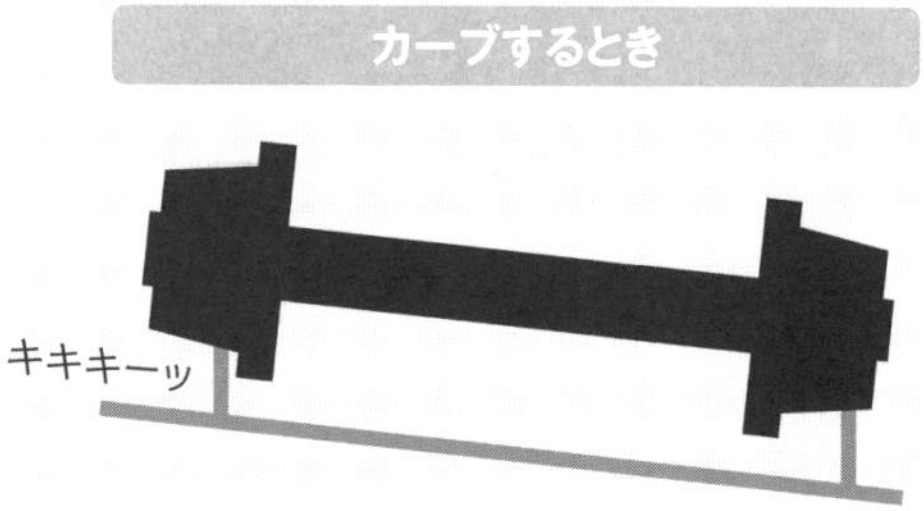
カーブするとき
キキキーッ

TRAIN 12

火災や非常事態……いざというときに混乱しないためのSOSの方法

万が一のときに使える装置とは⁉

乗り物には事故がつきものといっても過言ではないでしょう。どれだけ安全に気をつけていても、危険を防ぎきれないときがあります。鉄道だと、衝突事故や脱線、火災といった危険が潜んでいます。そこで、万が一のときに備えた設備が整えられています。

まず、**車内の異常を知らせる非常通報装置です**。鉄道会社や車種によって機能は多少異なりますが、非常ボタンを押すと乗務員室でブザーが鳴り、乗務員に異常があったことを知らせることができます。大半はマイクとスピーカーが設置されており、その場で乗務員と通話することができます。マイクがない場合も、乗務員がその場で駆けつけて対応するか、次の駅で対応します。トラブルに対して、その場で電車を止めるか、次の駅まで走行するかは状況により判断が難しく、鉄道会社で規定が異なっています。

もっと大きな設備でいえば、車両自体も安全性を考えられたつくりになっています。昔は燃えやすい材質でつくられた車両がありましたが、死者を出すほどの火災事故を教訓に、**今では燃えやすい材質は使われていません**。

また、トンネル内の火災は**逃げ道が限られているうえに、トンネル内に煙が充満してしまうので、特に危険**です。そのため、ただちに停車はせず、外に出てから対応します。

電車内での非常事態に対応する非常通報装置

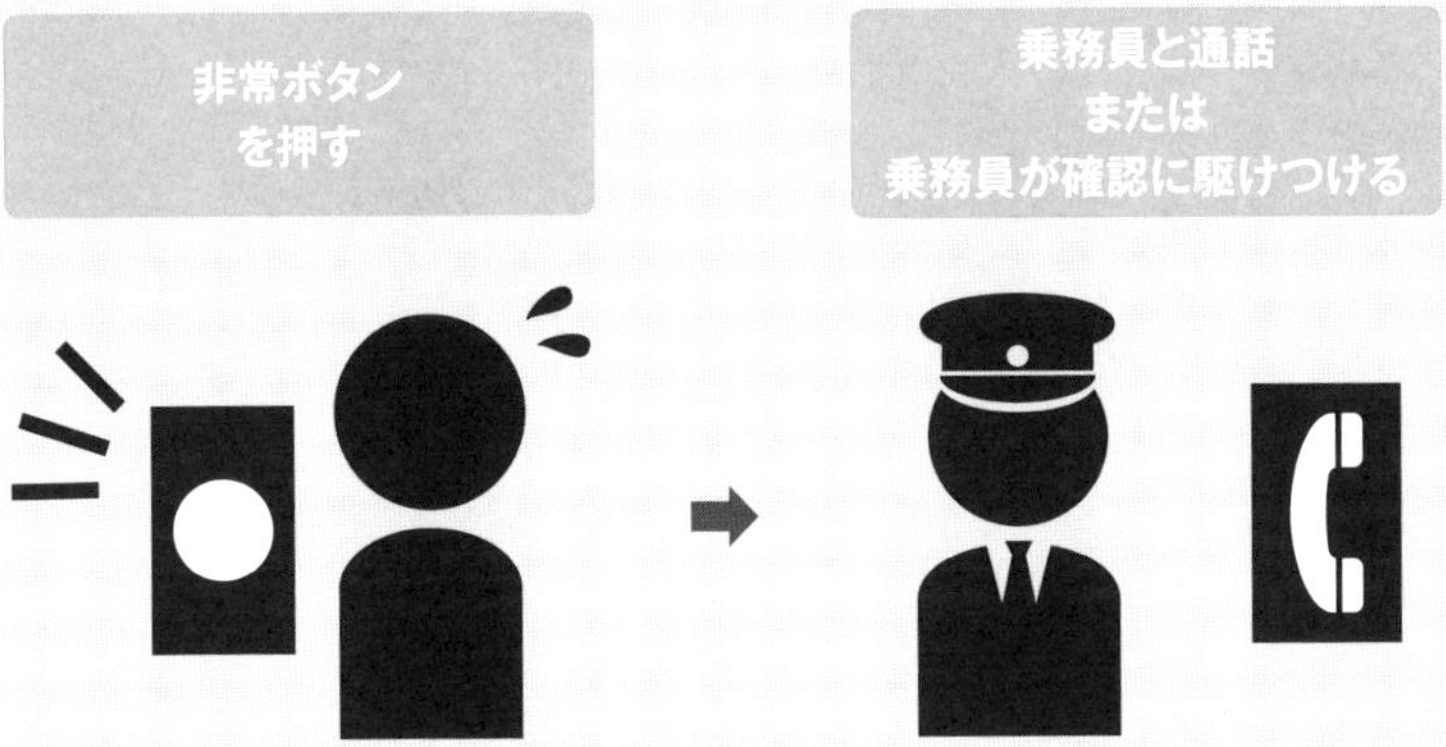
非常ボタン
を押す
乗務員と通話
または
乗務員が確認に駆けつける

トンネル内で火災が起こったときの対応

トンネル内での火災は煙が充満しやすく危険です。通常であれば、外に出てから緊急停止するように義務づけられています。例外として全長53.85kmにも及ぶ青函トンネルでは、トンネルに避難所や地上に出ることができる「定点」を2カ所に設置し、万が一のときに備えています。

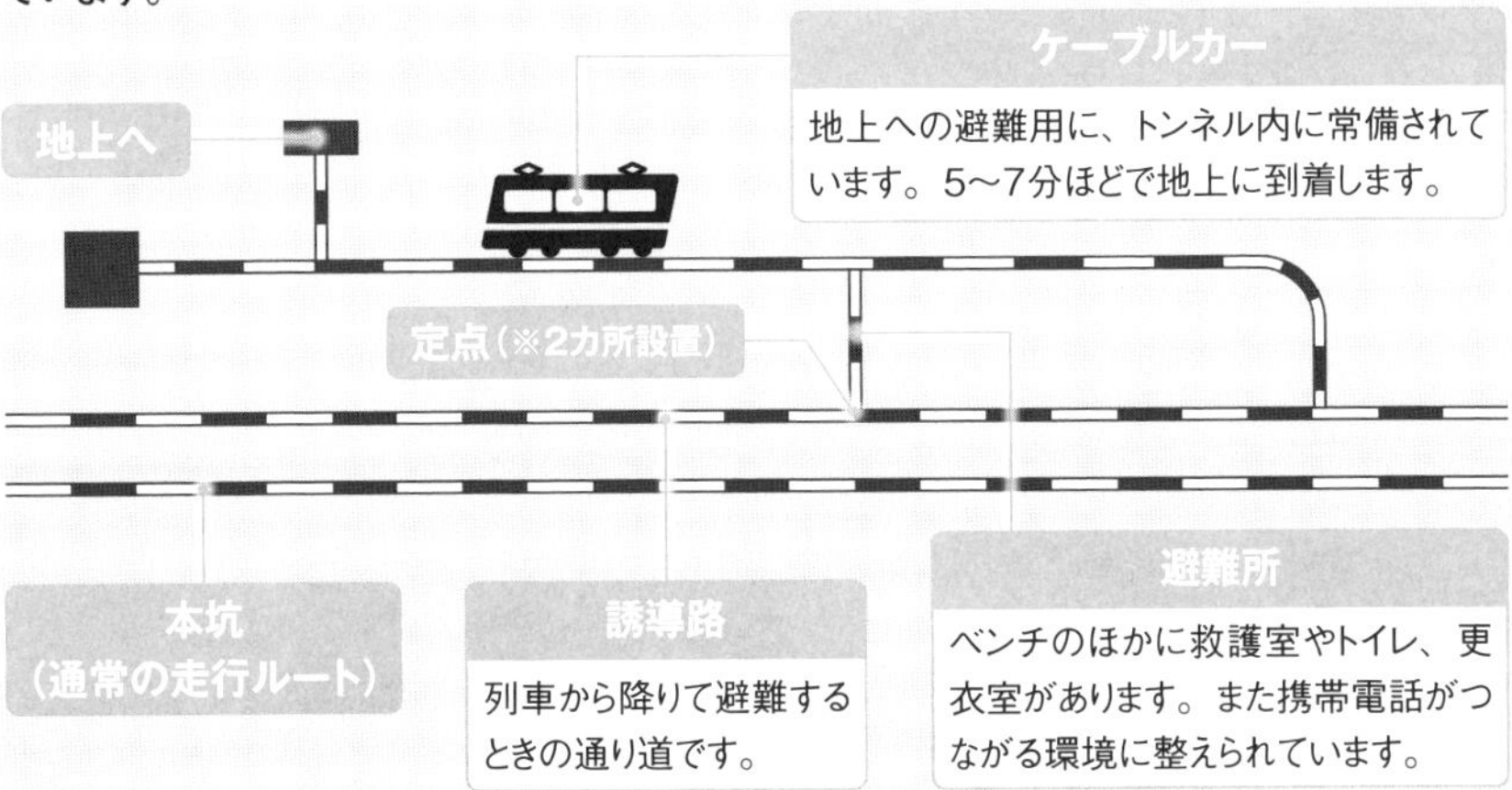
ケーブルカー
地上への避難用に、トンネル内に常備されています。5～7分ほどで地上に到着します。
地上へ
定点（※2カ所設置）
本坑
（通常の走行ルート）
誘導路
列車から降りて避難するときの通り道です。
避難所
ベンチのほかに救護室やトイレ、更衣室があります。また携帯電話がつながる環境に整えられています。

日本の技術が詰まった交通系ICカードのしくみ

ICチップは小さなコンピュータ⁉

Suica や PASMOといった交通系ICカードを持っている人は多いでしょう。これがあれば電車に乗るときにいちいち切符を買う必要がなく、1枚持っておくと便利です。

ICカードにはICチップというカードの情報を記録・演算する部分があります。構造としては**情報処理の要となるCPUと、情報を保管するメモリがここに備わっています。これはコンピュータの構造と一緒**。つまり、ICチップは超小型コンピュータのようなものです。

ICカードには、ICチップがカードの表面に組み込まれた接触型と、カードの内部に埋め込まれた非接触型、上記2つの合いの子であるデュアルインターフェースという3つのタイプがあります。交通系ICカードは非接触型で、改札を通るときに改札機のカードリーダーにカードをタッチすると、乗車した駅の情報がICチップに記録されるしくみになっています。ここで気になることが一つ。ICチップには電池が入っていないのに、なぜ改札機にタッチするとちゃんと反応するのでしょうか?

それは、**電池の代わりにアンテナがカードに内蔵されており、それを通してカードリーダーから電気を受け取って反応できるようになっている**ため。ICカードは日本の技術力の高さを示した先進的なカードなのです。

交通系ICカードの超ハイテク内部構造

アンテナ

読み取り機器からの電磁波をキャッチします。

ICチップ

情報を記憶することができるもの。基本的な構造はパソコンとほとんど同じです。

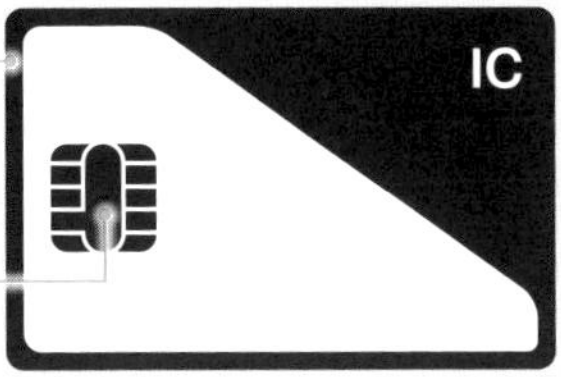

交通系ICカードは複数の層を貼り合わせた構造で、内部には、情報を暗号化して記憶しているICチップと、読み取り機からの電波を送受信するアンテナが内蔵されています。

一瞬のタッチで改札を通れるICカードのしくみ

①電磁誘導やマイクロ波を利用してカードに電源を供給する

改札のカード読み取り部分のコイルに電気を流すことによって電磁波が発生し、それをICカードがキャッチすることによって、カード本体に電気が流れます。

電池がなくてもカードを使うことができるのは電磁波の力を利用しているためです。カードを一瞬近づけるだけで改札を通ることができるしくみには、非常に高度な技術力が詰まっているのです。

②アンテナを介して情報のやり取りが行われる

アンテナが電磁波をキャッチしてICチップへと情報を送ります。同時に入場記録やチャージ残金などの情報を読み取り機に送っています。

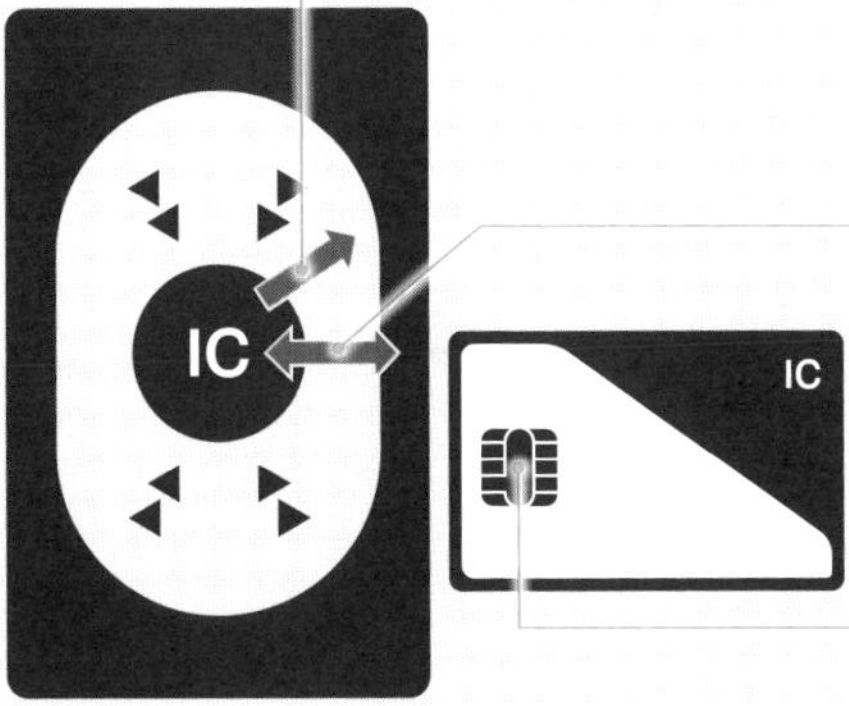

③ICチップが情報を記録する

パソコンのような機能を持つチップが情報を記録。

事故や遅延で乱れたダイヤはどう戻している？

運行の要である運転指令所

分刻みのスケジュールを定刻通りに運行している鉄道。通勤ラッシュの時間帯には、発着の間隔が3分ほどのかなり短いものになることも。運行本数が多いというのは乗客にとってありがたいことですが、一つの列車が遅れるだけで後続の列車の運行に大きな影響を与えてしまうのが怖いところです。

何かトラブルが起こったとき、**列車の運行を正常な状態に戻すためになされるのが運転整理と呼ばれる業務。**列車の運転時刻や順序の変更、発着駅の変更、運休などの作業を行います。これを指令するのは、運転指令所という列車の運行を管理している機関です。

列車のダイヤ回復までにかかる時間は短ければ短いほどよいもの。そのため、**運転指令所の指令員は短時間で的確な判断・指示をすることを求められ、それをできるだけの相当な技術と経験が必要**になります。指令員になることができるのは、駅の配線や列車の運行に関する知識を熟知し、迅速に状況を判断できる者だけなのです。

台風、大雨のような災害や人身事故、停電、火災、線路への立ち入りなど、さまざまなトラブルが突発的に起こるなか、乱れた運行状況を回復させようと迅速に取り組む人たちによって、私たちの交通手段は守られています。

運行の要である運転指令所

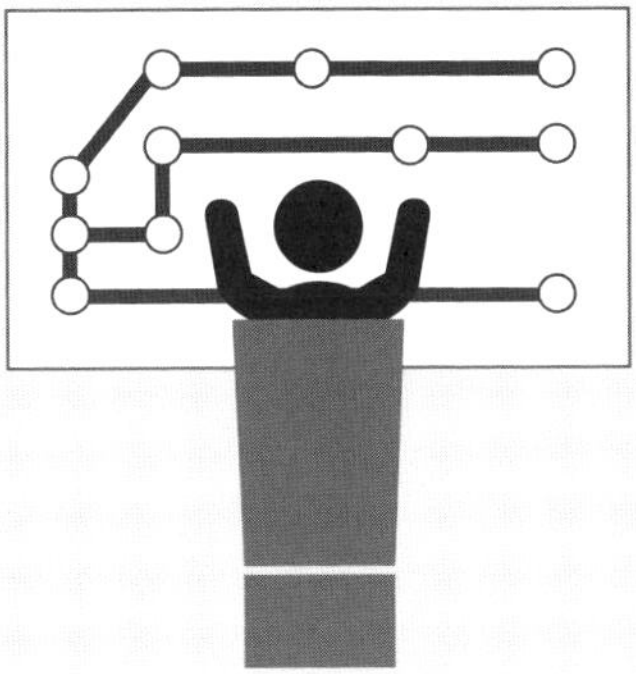

ダイヤを回復させる運転整理

- ・状況確認
- ・運転時刻の変更
- ・列車の運転順序の調整
- ・一部列車の運休
- ・発着駅の変更（快速→普通、終点の変更など）

ダイヤが乱れたときには、できるだけ遅延範囲を小さく留めること、できるだけ早く回復させることが重要です。そのため運転指令員は、遅延が拡大しないようにさまざまな方法で列車の運行管理を行っています。

本来の行先より手前で折り返して遅延を取り戻す

A駅行きの列車が遅延した場合

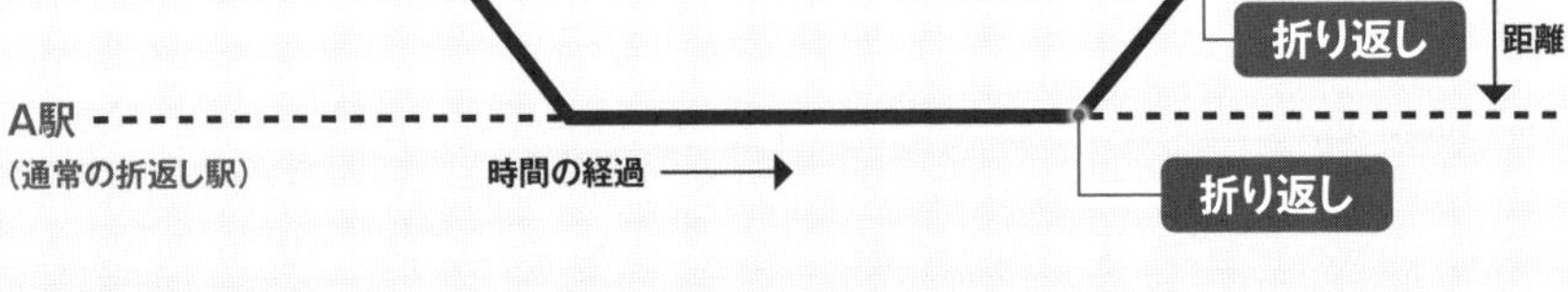
通常のダイヤ
遅延したときのダイヤ
通常時のダイヤに追いつく！
B駅
A駅
（通常の折返し駅）
折り返し
距離
折り返し
時間の経過

遅延を取り戻すために有効な手段の一つが、本来の行先より手前の駅で折り返すこと。ただしこの方法をラッシュ時に行うと大混乱を招く危険性があるため、比較的混雑が落ち着いている状況で行うのが一般的です。

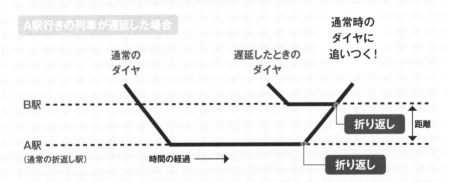

リニアモーターカーってどうやって走るの？

磁石の力で駆動するリニアモーター

モーターといえば、回転するタイプを思い浮かべる人が多いでしょう。しかし実は、回転するモーターのほかに、リニアモーターという直線運動をするタイプのモーターもあります。それは一体どういうしくみで動くのでしょうか。

リニアモーターは磁石の力で動き、N極とS極は引き合い、N極同士・S極同士は反発し合う性質を利用しています。レールと車体下部にはそれぞれ磁石がついており、最初はN極とS極が引き合うことで車体が前進し、そのあと磁石に流れる電流の向きを変えて極を逆にすることで同じ極同士が反発。その前進を反発の力が後押しする形となります。この一連の動きを繰り返すと車体が進んでいくのです。

リニアモーターには、車両が浮かない鉄輪式リニアと、浮上する超電導リニアがあります。鉄輪式リニアは、一般的な鉄道と構造はほとんど同じで車輪がついています。違うのは、回転ではなく磁石の力で駆動するという点です。

一方、超電導リニアは1962年から開発が進んでおり、レール側面の壁も磁石でできていて、強力な電磁力によって車体が浮いた状態で走行します。**接地部分がないのでよりスムーズにスピード感のある走行ができるのが特徴**です。現在建設中の中央新幹線も、この超電導リニアを採用しています。

回転しないリニアモーターのしくみ

通常(回転式)のモーター

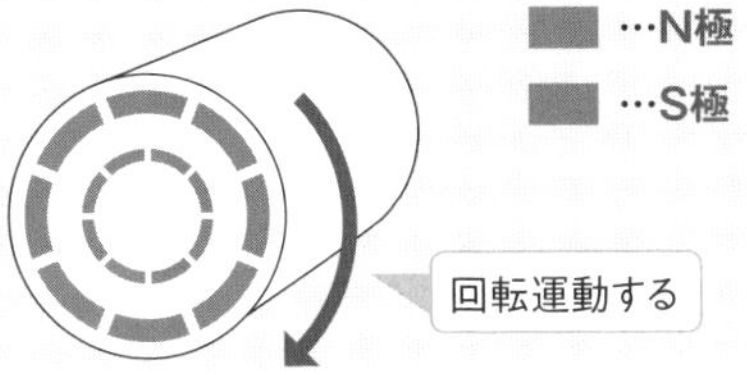
…N極
…S極
回転運動する

磁石のN極とS極を交互に並べて筒状に巻くと、N極とS極が引き寄せ合ったり、同じ極同士が退け合ったりする力が生まれて回転します。

リニアモーター

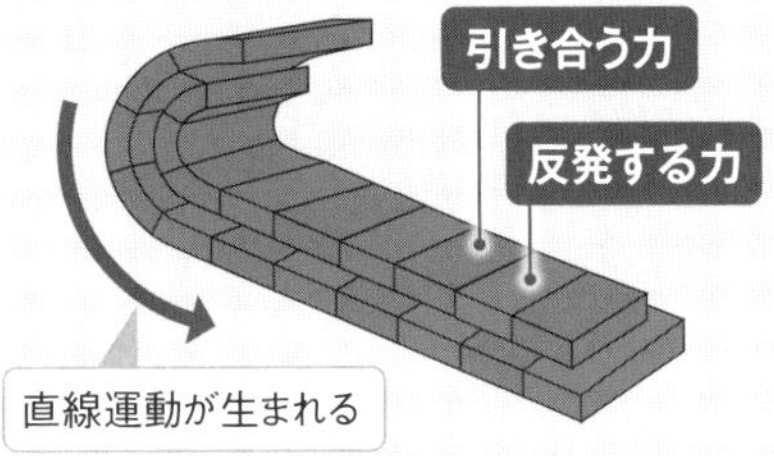
引き合う力
反発する力
直線運動が生まれる

リニアモーターは回転式モーターを直線状に延ばしたもの。磁力が直線運動を生み出します。

超電導リニアのしくみ

車両を真上から見た図

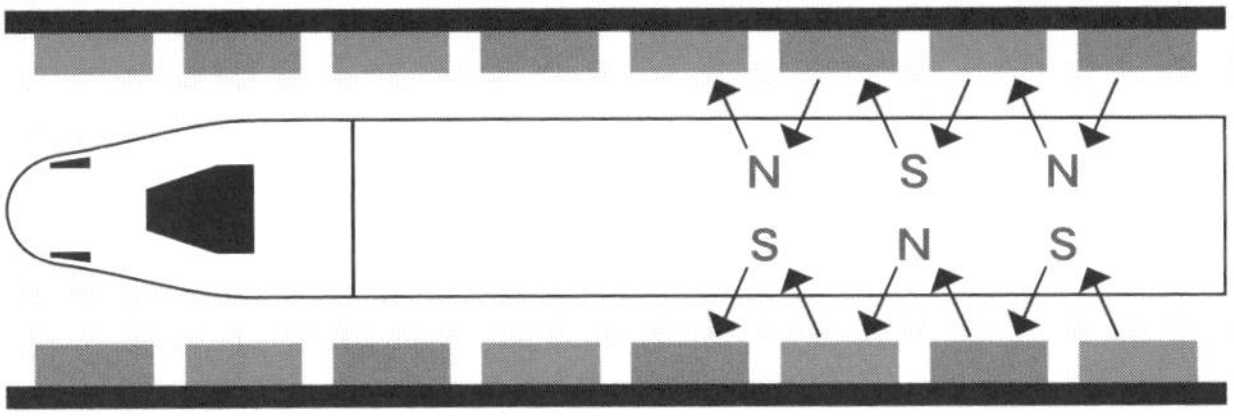
N
S
N
S
N
S

車両および壁に磁石が設置されており、磁石の力で前に進みます。N極とS極が引き合う力と、N極同士・S極同士が反発し合う力を利用しています。

車両を正面から見た図

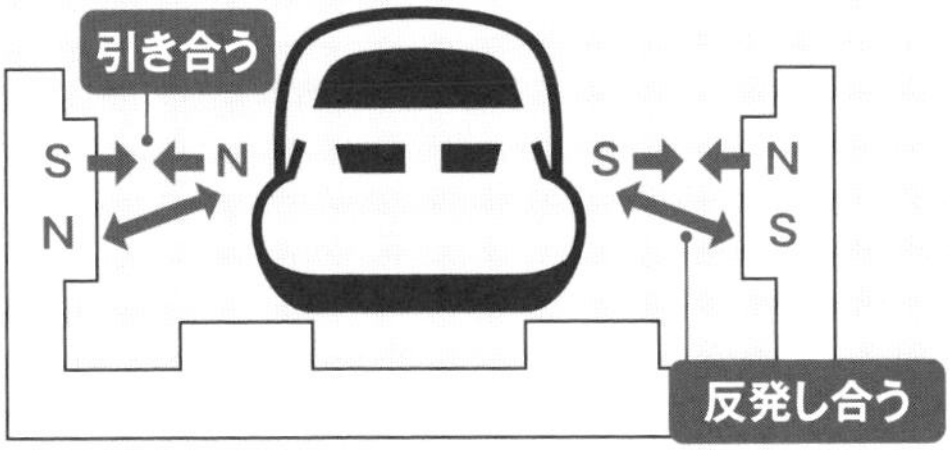
引き合う
S
N
N
S
N
S
反発し合う

列車ガイドウェイ(壁)の上下に付けられた極の異なる磁石の力を利用しています。上の磁石は引き合い、下の磁石は反発し合うことにより、車両を浮かせた状態で前に進みます。

鉄道でも進んでいる自動運転化

自動運転はすでに実施されている

近ごろ自動車の自動運転に注目が集まっていますが、鉄道の自動運転化も進んでいます。将来的に運転士が不足するといわれるなかで、自動運転化は期待の星なのです。

自動運転と一言にいっても、その度合いはさまざま。主体は運転士で、一部機能を自動列車運転装置がサポートしている場合もあれば、すべての運転を装置が行い、万が一に備えて乗務員が乗車している場合もあります。

現在運行中の路線には、すでに自動運転を導入しているところも。**踏切がなく、ホームドアが設置されていることにより、線路内に人や車が立ち入れない構造の路線は自動運転化しやすい**とされています。そのため、これらの条件がそろった一部の地下鉄やモノレールでは、すでに半自動運転になっています。まだ多くの列車では運転士が必要ですが、徐々に自動運転を導入する路線が増えており、その度合いもさらに深まっているという現状にあります。

しかしながら、**なかにはより自動運転化が進み、無人での運転を導入している路線もあります**。お台場や豊洲を通る「ゆりかもめ」がその一例です。最前部には運転席がありますが、ここは緊急時にしか使われず、普段は乗客が座ることができます。そのため最前部からの景色を楽しめます。

自動列車運転装置「ATO」のしくみ

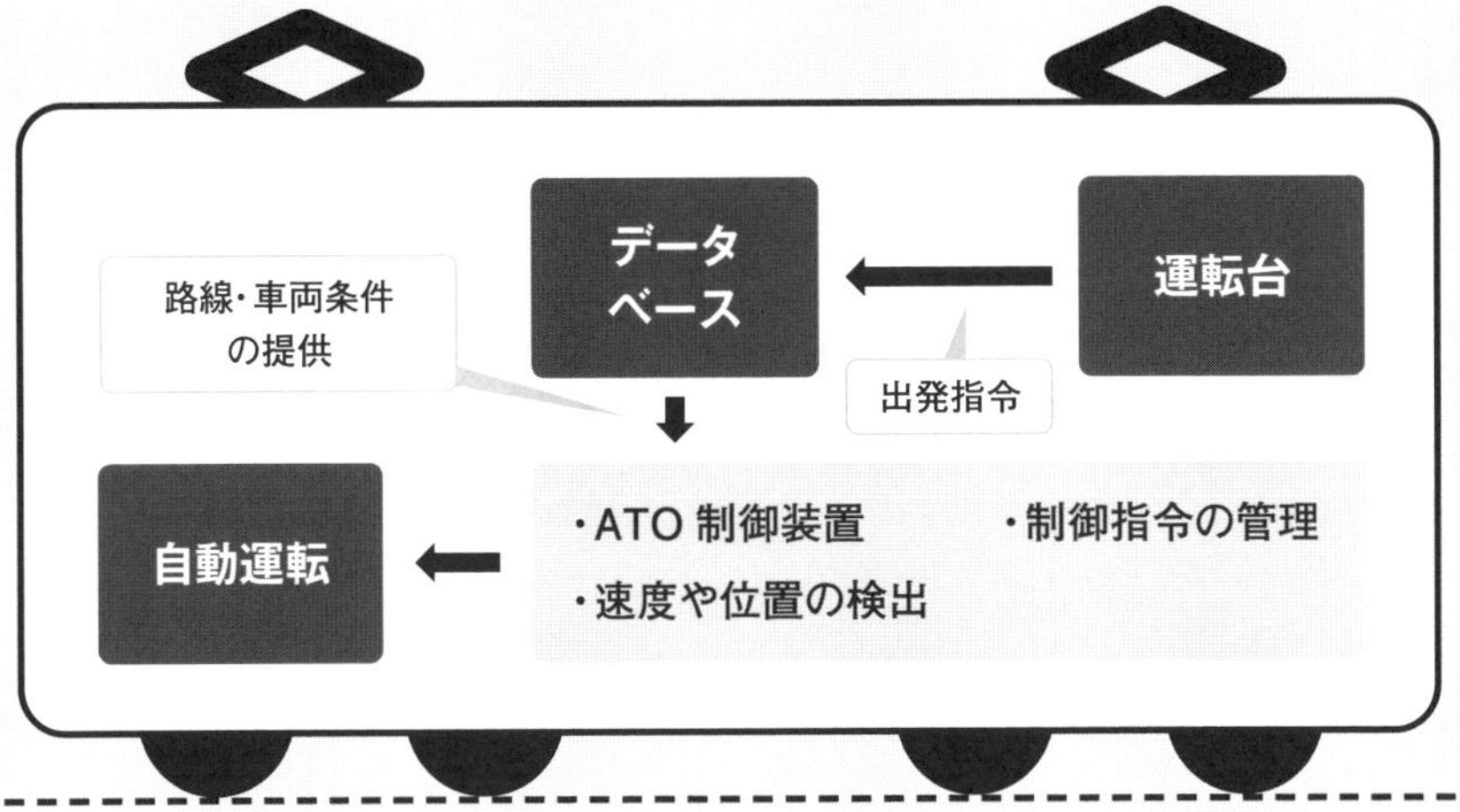

ATO 装置が搭載されている列車は、運転士が安全確認を行って出発指令を出したあとは自動的に加速や減速の制御が行われます。

無人運転列車には運転席に座れるものも！

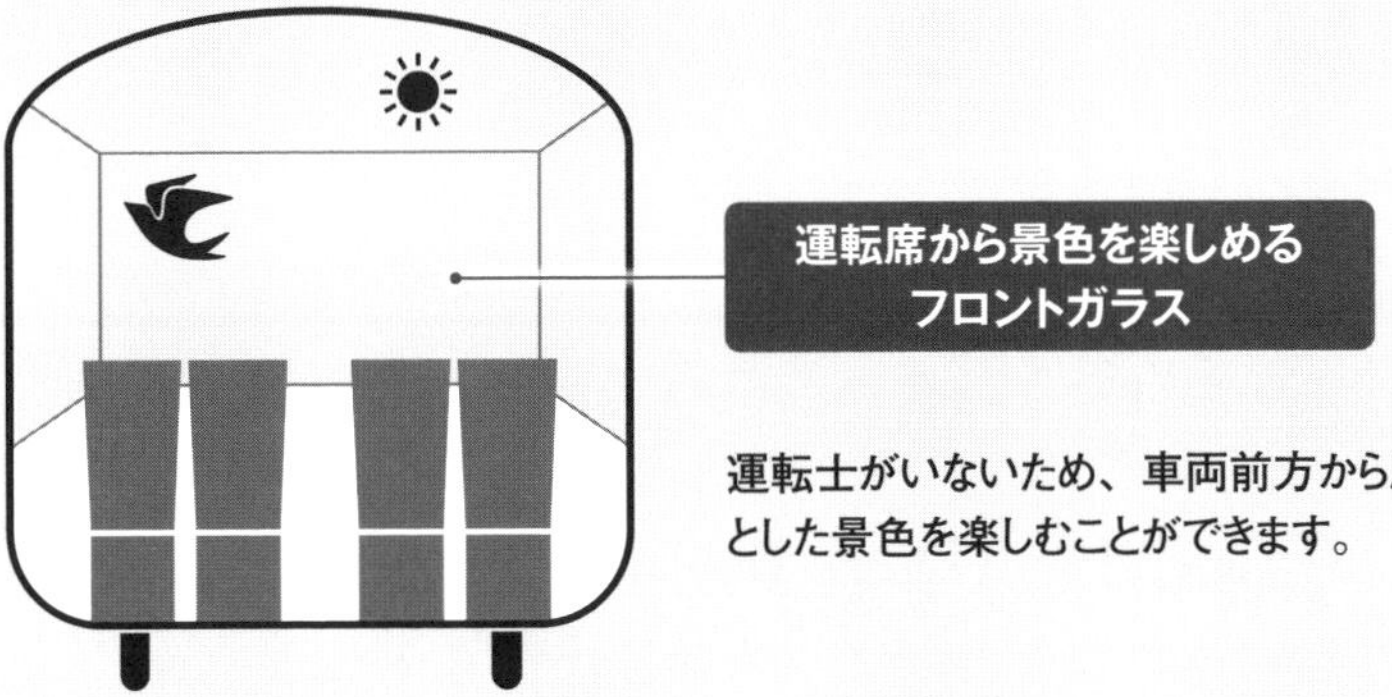

運転士がいないため、車両前方から広々とした景色を楽しむことができます。

Column 2

鉄道のどんどん変わる部分となかなか変わらない部分

2022 年は鉄道開業 150 年にあたる年でした。ニュースなどでもたくさん報じられましたので、普段鉄道に関心のない方でもご存じかと思います。

当然ですが 150 年前に今の技術はありません。技術の進歩に伴い機器が更新されていきますが、それ相応の費用もかかるので、長年使われ続けるものもあります。1963 年にデビューし、日本各地で活躍した 103 系という電車があります。車両の数は減っていますが、デビューから 60 年が経った今でもまだまだ現役で走っています。

反対に、列車に乗るためのきっぷはどうでしょうか。1963 年にはまだ、きっぷの裏面が黒い磁気乗車券やそれを読み取る自動改札機もありません。それが今や、交通系 IC カードが主流となり、さらに QR コードや顔認証を用いた改札機の実験が進められています。

きっぷを買うためのみどりの窓口も、新幹線開業直後の 1965 年に初めて開設されましたが、今やネット予約が主流となり、順次閉鎖する流れになっています。

そんな流れを見ていると、鉄道は歴史と最先端が同居する不思議な世界であり、それもまた魅力の一つに思えます。

第3章

鉄道の歴史と未来の話

今日の世界の発展に大きく寄与してきた鉄道。そもそも鉄道はいつからはじまり、今後どうなっていくのでしょうか。本章では、鉄道の過去・現在・未来を紹介します。

なぜ鉄道がつくられるようになったのか

重いモノを運ぶための知恵がはじまり

鉄道車両を載せるレールの下には、一定間隔に置かれた木があります。これは枕木といわれるもので、レールを支える役割があります。さらにレールや枕木が沈まないようにバラストと呼ばれる小石が敷き詰められているのですが、これを道床《どうしょう》といいます。私たちが普段線路と呼んでいるものは、レールとその下にある枕木、道床を総称したものなのです。そして、この**線路の上に車両を走らせ、移動する交通機関が鉄道**ということです。

ちなみに、レールの上を走る車輪を紐解くと古代エジプトにまで遡ることができます。ピラミッドをつくる際、石を運ぶために使われていたのが丸太です。人がただ石を引っ張るだけではなく、丸太の上に石を乗せたほうが摩擦による抵抗が少なくなり、モノが運びやすかったのです。つまり、**車輪はこの丸太が進化したものだと考えられています。**

実際、古代ギリシャ時代には、荷物を運搬するためにつくられた道路があり、そこに馬車を走らせていました。そんな馬車を使った物流は18世紀まで盛んに行われていましたが、イギリスで蒸気機関車が発明されると主役を奪われ、次第に影を潜めていきました。このような重いモノを運ぶための知恵が鉄道の起源といわれています。

丸太が進化して車輪になった

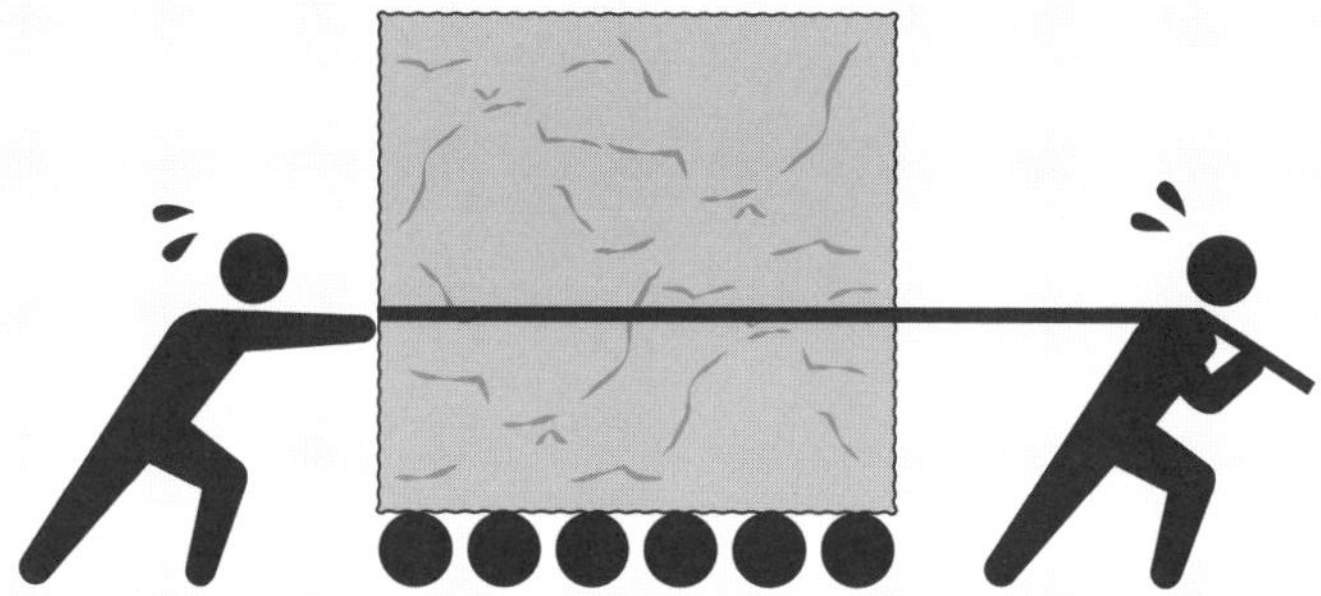

重いモノを動かすとき、移動させやすいよう下に丸太を敷いていました。車輪はこれを応用したものなのです。

鉄を用いることで走行時の抵抗が減る

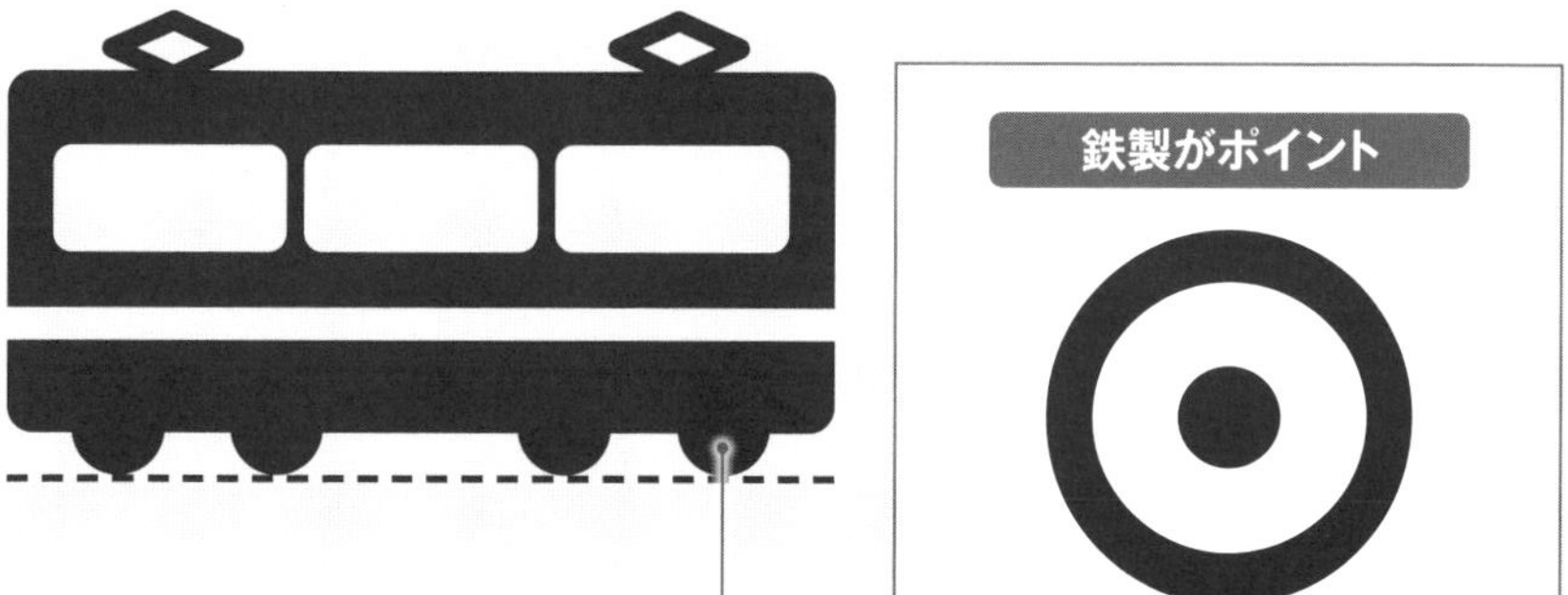

レールと車輪を鉄製にすることで、
少ない摩擦で効率的に走行できます。

TRAIN 2

「電車」以外にも聞く「列車」などの呼び方の使い分けは？

電気を使わないと電車と呼ばない？

一般的にはレールの上を走行する乗り物は「電車」と呼ぶことが定着しています。日常生活で名称を細かく使い分ける必要はありませんが、ここではぜひ知っておきたい正式な区分を紹介します。

鉄道車両を指す用語として、最もなじみがあるのは「電車」ですが、**このとき用いられる電車を端的に定義すると、電気の力を使って走るものをいいます。**

一方、**内燃機関などの動力源を車両に搭載して走るものを「気動車」といいます。**気動車の代表的な例はディーゼルカー。これは軽油を燃料にして、ディーゼルエンジンを駆動させて走る鉄道のことです。現在では見ることができませんが、過去にはガソリンを動力としたガソリンカーというものも存在し、こちらも気動車に分類されます。

一般的に気動車は「気動車」ではなく、「列車」と呼ばれますが、見た目での電車との違いは架線の有無くらいなので、ひとくくりに「電車」と呼ばれるケースも多いです。

つまり、人やモノを運んで線路を走る車両を指すのが「列車」で、電車も気動車も列車に含まれるというわけです。厳密にはそれぞれの用語がきっちりと定義されていますが、使いこなすのは容易ではありません。

動力や役割の違いで呼び分けられる

電車＝電気が動力で自走できる

機関車＝他車を牽引するための車両

動力がない車両は客車と呼びます。電車とは、電気で動く客車、電動客車の略です。

列車は線路を走る鉄道車両の総称

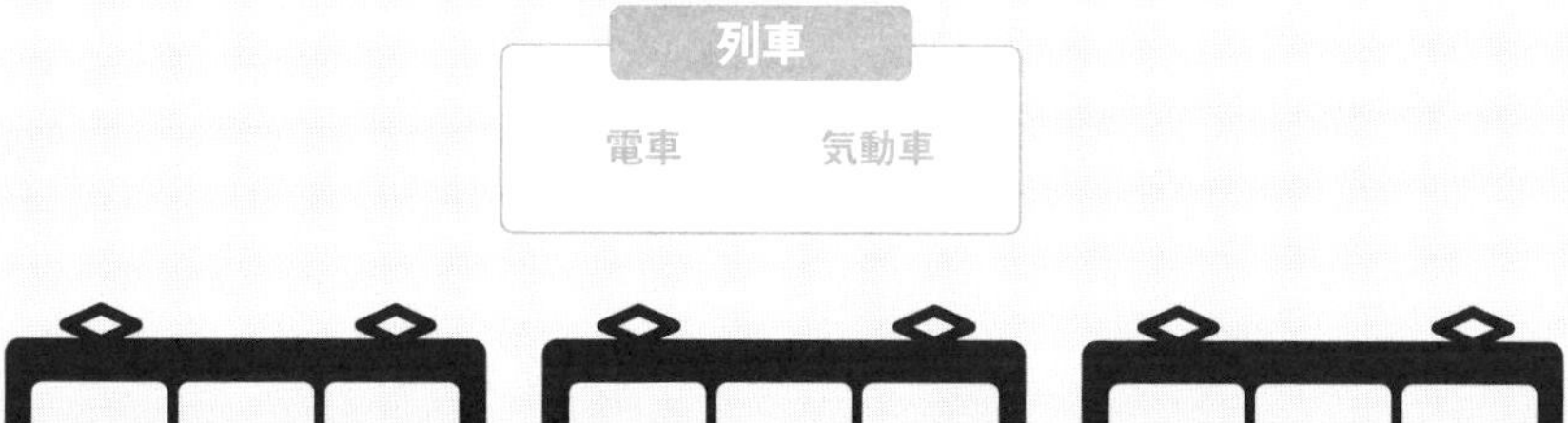

列車は人やモノを運んで線路を走れる状態にある車両の総称です。電車、気動車に限らず、近年では蓄電池電車、燃料電池ハイブリッド電車などさまざまな形式の車両が登場しています。何と呼べばいいか迷った場合は、列車といえば良いでしょう。

電車をはじめて走らせたのはドイツだった

ドイツで生まれてアメリカで発展した

1879年、ドイツのベルリンで工業博覧会が開催されました。**このとき行われたデモンストレーションが、小型の電気機関車が客車3両を引いて1周300mの線路の上を走行するというもの。**最高速度は時速13㎞。自転車でゆっくり走るくらいのスピードですが、これが記念すべき**世界最初の電気鉄道（電気の力で動く鉄道）**とされています。そして2年後の1881年、**同じベルリンの地で世界初となる電車の営業運転がはじまりました。**

とはいえ、当初は輸送規模の小さい路面電車に限られており、現代のような大規模な輸送はできませんでした。当時の車輪を動かす駆動方式には限界があったのです。

電車の発展に大きく寄与したのが、複数の電車を同時に制御する統括制御の開発です。それまでは車両単位でモーターを制御していたため、各車両に運転士を乗車させなければならないという制約がありました。この問題点を技術革新で乗り越えたのが、当時はまだ新興国と呼ばれていたアメリカでした。

20世紀に入った1903年、自動で加速を行える統括制御装置がニューヨークの地下鉄のために開発されます。これにより列車の長編成化が可能になり、電車は都市交通のなかでも重要な一角を担うようになっていったのです。

電気を使った鉄道はドイツで生まれた

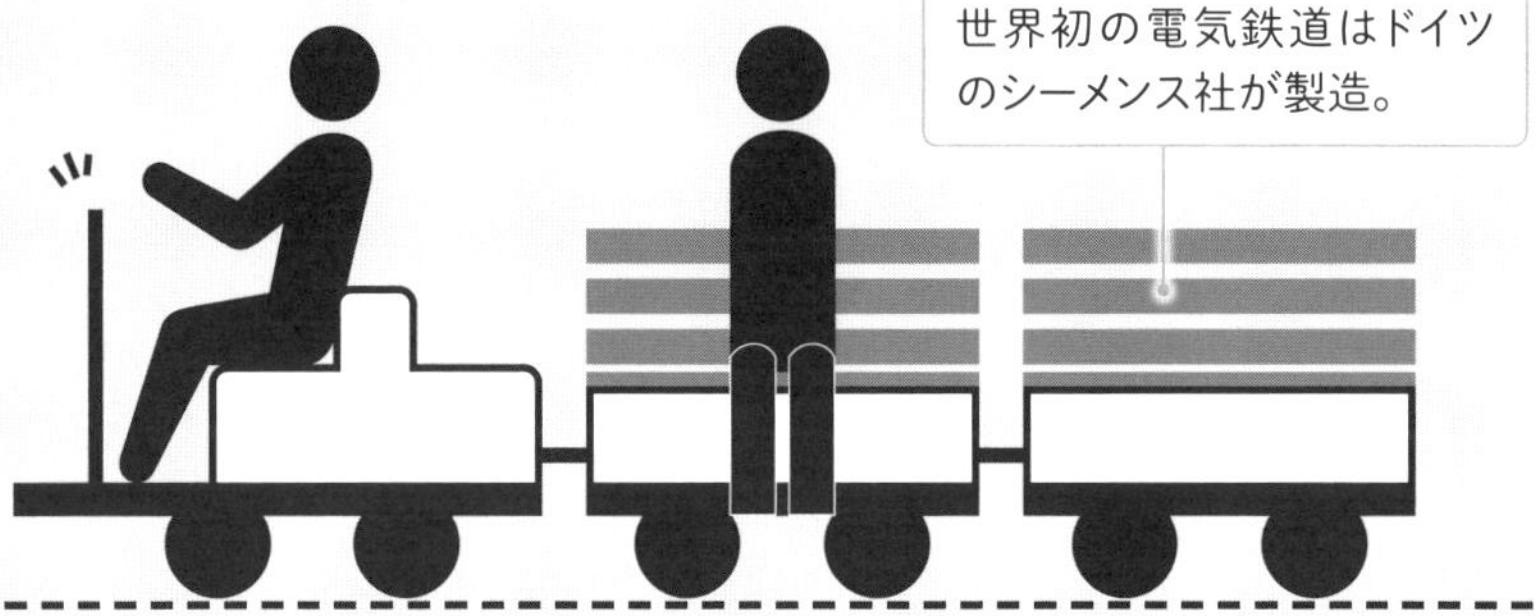
世界初の電気鉄道はドイツのシーメンス社が製造。

小さな電気機関車がベンチを模した客車を引きながら、博覧会会場に敷設されたレールの上を走行しました。

統括制御が電車を一気に進化させた

マリオネットをあやつる「手板」の役割をするのが統括制御装置です。

従来は各車両に乗務した運転士同士が息を合わせて全体を制御していたため、さまざまな困難がありました。それが1人の運転士が複数の車両を統括制御する方法に変わったことで、鉄道の可能性は大いに広がったのです。

日本で電車が進化した理由

日本の鉄道事情と電車の特徴がマッチ

日本の鉄道車両はほとんどが電車です。海外では電気機関車が広く普及しましたが、なぜ日本では電車が主流になったのでしょう。

電車の最大の特徴は、動力が各車両に分散していること。能力を発揮する際も必要なパワーを分担できますし、結果として1機1機のモーターも小さくて済みます。ただし、そのぶん構造が複雑になるため、保守点検のコストがかかるのが難点です。ここからは国情に合わせてどちらを選択するかですが、欧米では電気機関車が重宝され、長距離列車やフランスのTGVなどといった高速鉄道にも使用されています。

ここで日本の鉄道の特徴を考えてみましょう。**日本の場合、海外に比べて軸重（車軸1本あたりの重量）の制限が厳しい、列車の運行密度が高い、急カーブが多いといった特殊性があります。**現状の軸重の規制を緩和すれば、パワーがある高出力の機関車を導入することができますが、日本は軟弱な地盤が多く、重大な事故につながる恐れがあるためそれが叶いません。

また、電気機関車は折り返し駅で付け替えのための余計な時間が生じるほか、その重量が仇となって急カーブでは軌道に大きな負担をかけます。これらを念頭に置いたとき、日本では電気機関車より電車のほうに大きなアドバンテージがあるので電車が主流となったのです。

日本の鉄道事情に電車がマッチ

❶ 軸重の制限が厳しい

地盤が軟弱な箇所が多い日本。そのため軸重は最大でも18t以下と制限されています。ちなみに、アメリカでは「ビッグ・ボーイ」の愛称で知られる、総重量が548.3tにもなる蒸気機関車が存在していました。

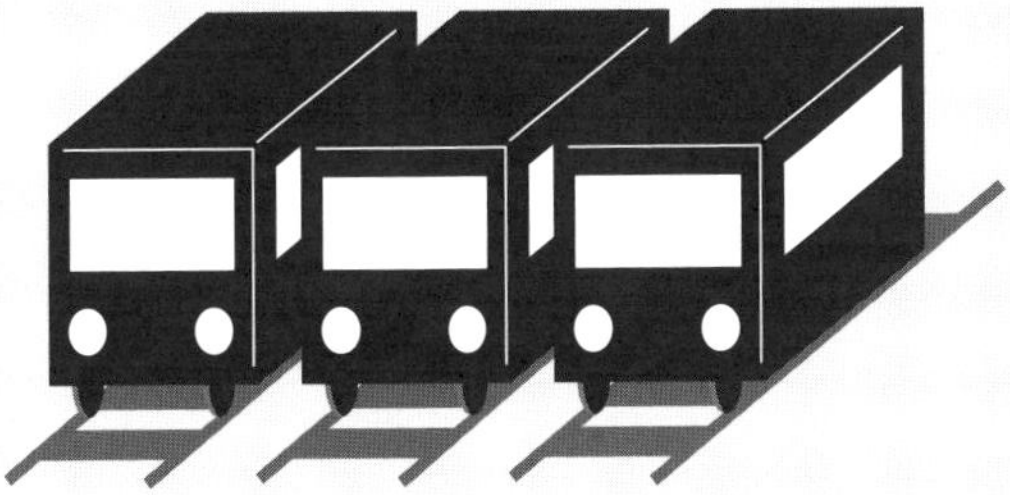

❷ 列車の運行密度が高い（ダイヤが過密）

日本の列車の運行密度は、世界屈指の過密さといわれています。その正確性と技術力は、日本の国民性が深く関係しているのです。

❸ 路線に急カーブが多い

動力機構を分散できる電車は軸重が小さくても問題ありません。また、機関車に牽引される必要がないため、折り返し運転も容易でダイヤを圧迫しません。軽いので急カーブを高速で運転してもレールに負荷をかけないのも利点です。つまり日本の実情にマッチしているのです。

TRAIN 5

日本の電車史は路面電車からはじまった

最初の電車はアメリカから輸入した

1890（明治23）年、上野公園で開催された第3回内国勧業博覧会において、日本初となる電車のデモンストレーション走行が行われました。このとき来場者を乗せ、会場内に敷設されたレールの上を走ったのは路面電車で、車両はアメリカから輸入されたものでした。

それから5年後の**1895（明治28）年、京都電気鉄道が路面電車の営業運転をはじめます。これが記念すべき日本最初の営業用電気鉄道となりました。**

現在のJR中央本線にあたる甲武鉄道の飯田橋－中野間で電車の営業運転がはじまったのは1904（明治37）年のこと。路面電車ではない普通鉄道はこれが日本初のものです。注目すべきは、京都電気鉄道でも甲武鉄道でも、車両こそ国産だったものの、走行を司る機器類のほとんどがアメリカ製だったことです。

1905（明治38）年に開業した阪神電気鉄道は、都市と都市との間を結ぶ都市間鉄道（インターアーバン）の先駆けとされています。これも当時アメリカで普及していた路線体系にならったものでした。

日本の鉄道はその技術の多くをイギリスから輸入して発展の緒につきましたが、電車時代の幕開けに際しては、アメリカに多くの技術を頼っていたのです。

上野公園を走った日本初の電車

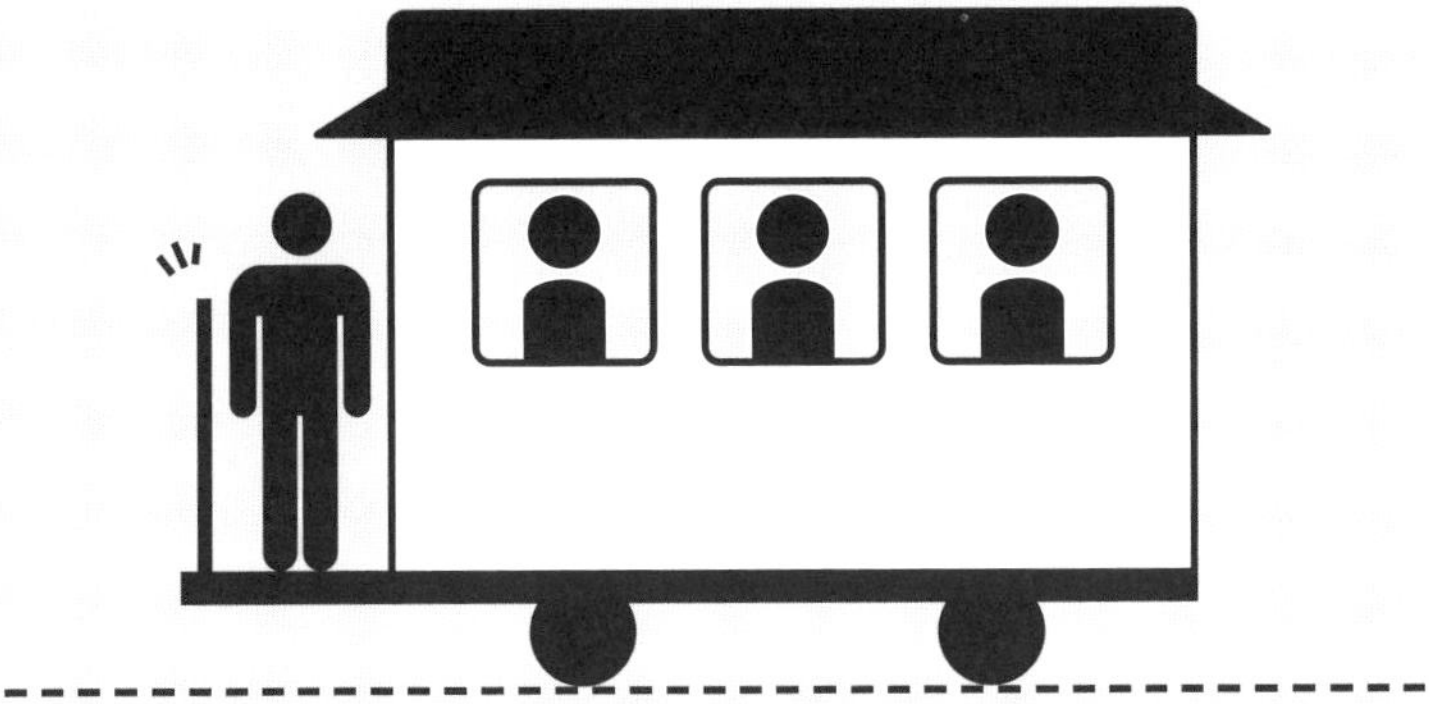

ベルリンの工業博覧会でシーメンスが世界初の電気機関車を走らせてから11年。上野公園を路面電車が走り、日本における電車の歴史がはじまったのです。

狭軌と標準軌

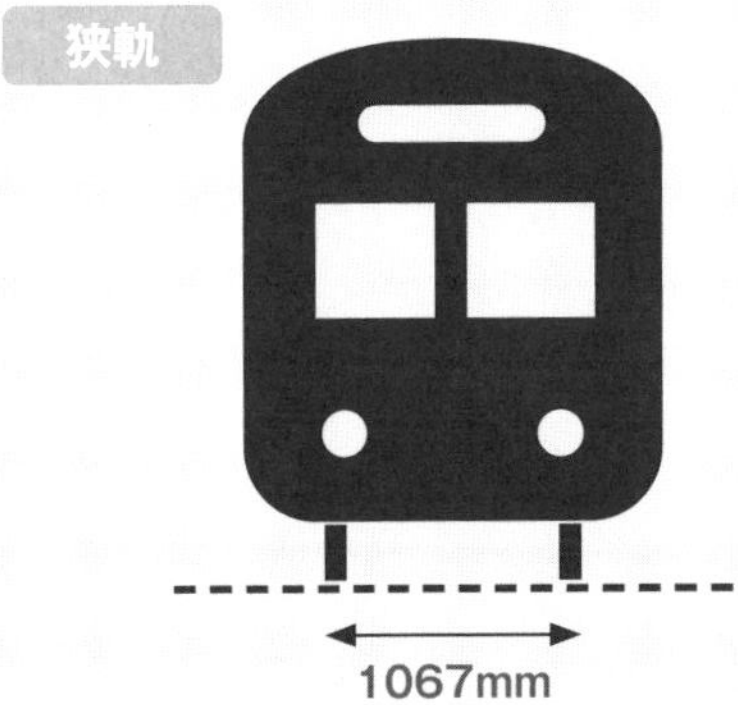

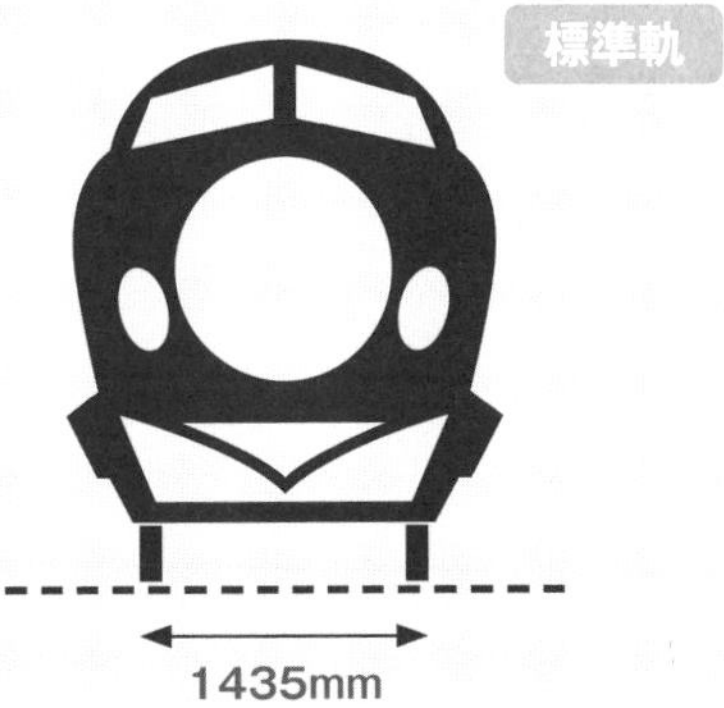

軌間(レールの幅)には種類があり、世界では標準軌(1435mm)が主流ですが、日本では鉄道が走りはじめた明治期から狭軌(1067mm)が主流となっています。路面電車の京都電気鉄道も狭軌を採用しました。ちなみに新幹線は標準軌を採用しています。

鉄道の電化が国策となり、自国で開発するようになった

エネルギー政策の一環で電化が進展

明治後期にはじまった電車の歴史が、いよいよ成長期を迎えて発展したのが大正から昭和初期にかけての時期です。

1919（大正8）年、政府は国有鉄道の幹線の電化を決めます。一説には、蒸気機関車の燃料だった石炭は、国力を増強するために工業生産に回す必要があったため、電化政策が推し進められたともいわれています。

そんななか、1927（昭和2）年に東京で日本初の地下鉄（東京地下鉄道）が開業します。現在の東京メトロ銀座線、浅草ー上野間に相当する区間です。このころになると、電鉄会社の開業と、それに伴う沿線開発ビジネスが花開きつつありました。その背景にあったのが大都市圏を中心とした人口の急増です。人が集まることで街が発展すれば、移動の足が必要になるのはいうまでもありません。

東京の地下鉄が導入した新車両は、アメリカの電車技術を導入したものでした。しかし、次第に車両の国産化に舵を切るようになります。とはいえ、いきなり主電動機や制御装置など主要電機部品を一から開発できるわけもありません。**国産化に舵を切った当初は、英米の電機メーカーと技術提携し、やがて知識と経験を蓄えたところで、日本の鉄道向きの電車を、日本の技術者の手で開発できるようになったのです。**

石炭（蒸気）から電気へ

蒸気機関車の燃料には石炭が使われていました。

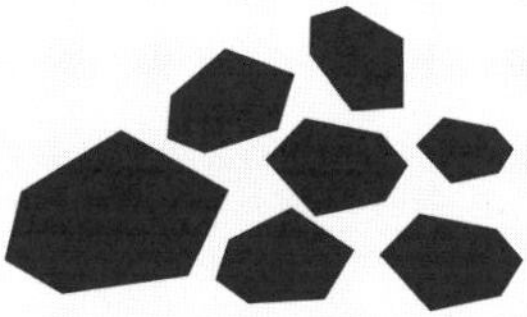

国のエネルギー政策により、蒸気機関車に使われていた石炭は工業発展に回すことになりました。

起伏の多さと水源の多さから、日本では水力発電が可能でした。

電力需要の増加に伴って多くの水力発電所がつくられ、1950年代までは主力の発電方法でした。

国策によって、石炭を用いる汽車に代わり、電車が鉄道の主流になっていきました。

海外を驚かせた日本の鉄道技術

海外の技術を応用・発展

第2次世界大戦後、停滞していた日本の電車技術が返り咲くきっかけになったのが、1950（昭和25）年に国鉄が中距離普通列車として運行を開始した「湘南電車」です。その10年後、国鉄が進めた動力近代化計画を境に日本国内で客車列車の電車化が一気に進みます。

1958（昭和33）年になると、国鉄が開発した特急列車「こだま」が東海道本線に登場。現在の東海道新幹線と同じ呼称ですが、動力を車輪に伝える駆動方式を見直し、従来よりも乗り心地をよくした長距離特急列車として登場しました。国鉄が目指したのは東京－大阪間の日帰りの実現であり、実際にこだまの登場で所要時間は片道6時間50分にまで縮まったのです。

そんなこだまの登場から6年後に登場したのが新幹線の「ひかり」。はじめてお目見えしたのは東京オリンピックが開催された1964（昭和39）年のこと。**このとき世界の鉄道史上で初となる時速200㎞超での営業運転を実現したのです。**

終戦の焼け跡より19年、世界中の鉄道技術者を驚かせた新幹線。その背景には、日本の技術者たちの絶え間ない努力がありました。電車技術のほとんどを海外で学び、それを特殊な日本の鉄道事情に転用できるよう応用・発展させたることに尽力したのです。

東京ー大阪の日帰りを「こだま」が実現

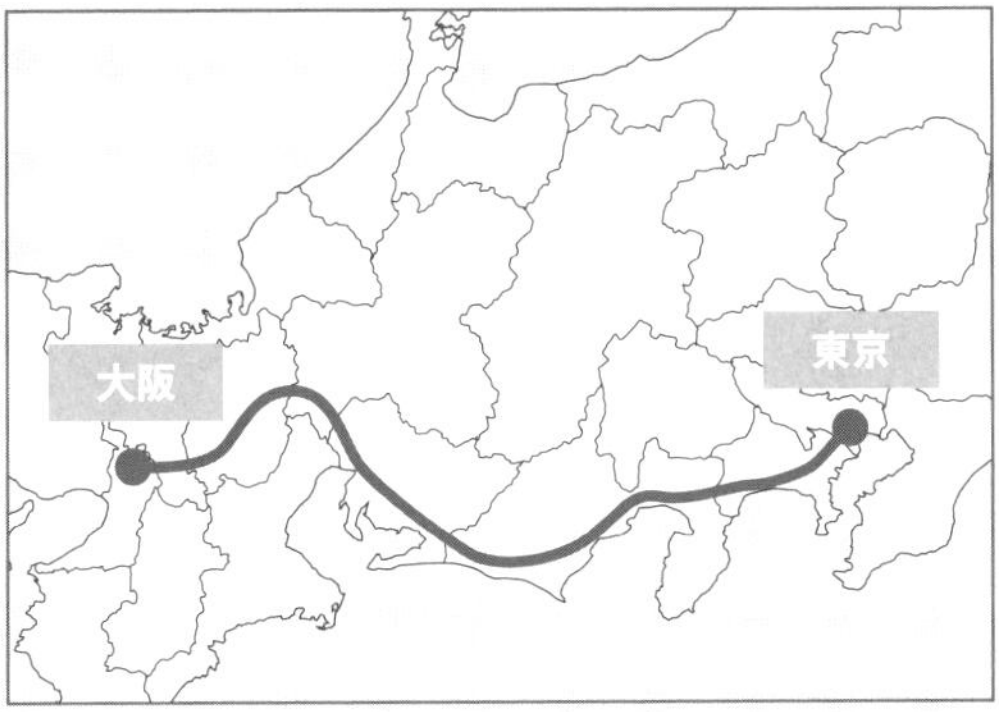

「こだま」の登場まで東京ー大阪間の鉄道による所要時間は特急「つばめ」の7時間30分が最短でした。これでも当時は驚異的とされましたが、日帰りは不可能でした。ちなみに現在、新幹線「のぞみ」はこの区間を2時間30分ほどで運行しています。

海外技術の採用が短期間の発展を導く

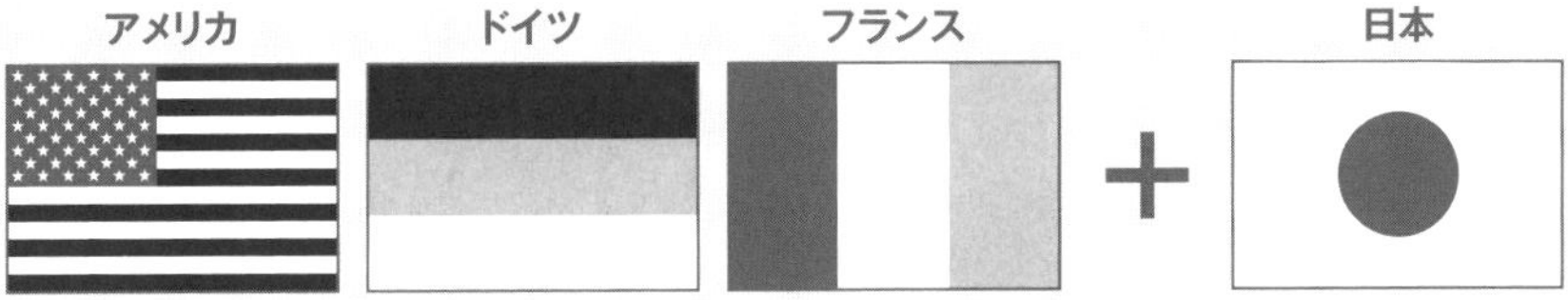

統括制御や駆動方式、電車に不可欠な電化方式、高速運転を支える各種の技術はアメリカやフランス、ドイツなどで確立された既存の技術を採用。これにより電車技術の短期間での発展が可能となったのです。

海外技術をそのまま採用しただけではありません。特殊な日本の鉄道事情に合わせ、国内の技術者が試行錯誤を繰り返したことで世界最速の新幹線が誕生しました。

国鉄からＪＲへの民営化で変わったこと

民営化により体質を改善

１９８７（昭和62）年、国鉄（日本国有鉄道）が民間会社ＪＲとして新しい歴史を歩みはじめました。**従来の全国統一組織から、北海道・東日本・東海・西日本・四国・九州の旅客６社と貨物１社の計７社へ分割民営化**されたのです。

その大きな理由の一つが累積赤字。最終的にはその負債は37兆円にものぼりました。なぜ国鉄はこのような状態になったのでしょうか？

主な理由は、高度経済成長で鉄道整備に多くの投資が必要になったこと、車社会が到来したことです。自家用車の大衆化に伴って、急速に鉄道離れが起きました。

また運営形態にも原因がありました。国鉄の運営方針は全国一元型。**本来は首都圏や各地方それぞれのニーズに合わせた柔軟な対応が必要ですが、それができない構造だったのです。**

さらに国鉄は「公社制度」という制度で運営しており、独立して経営しながらも重要な決定事項については国会の承認が必要でした。そのため値上げが必要な経営状態になっても国が許可せず、適切な運賃改定が行えませんでした。

このようにして累積赤字の膨れ上がった国鉄。経営の健全化をするために分割民営化がなされ、巨額の赤字は国鉄の土地や株式を売却したり、ＪＲや国民が負担したりして処理することになったのです。

国鉄を旅客6社と貨物1社に分割

民営化により地域密着経営を目指したJR。結果として東日本、東海、西日本の各社は黒字化に成功して株式公開し、九州もこれに続きました。

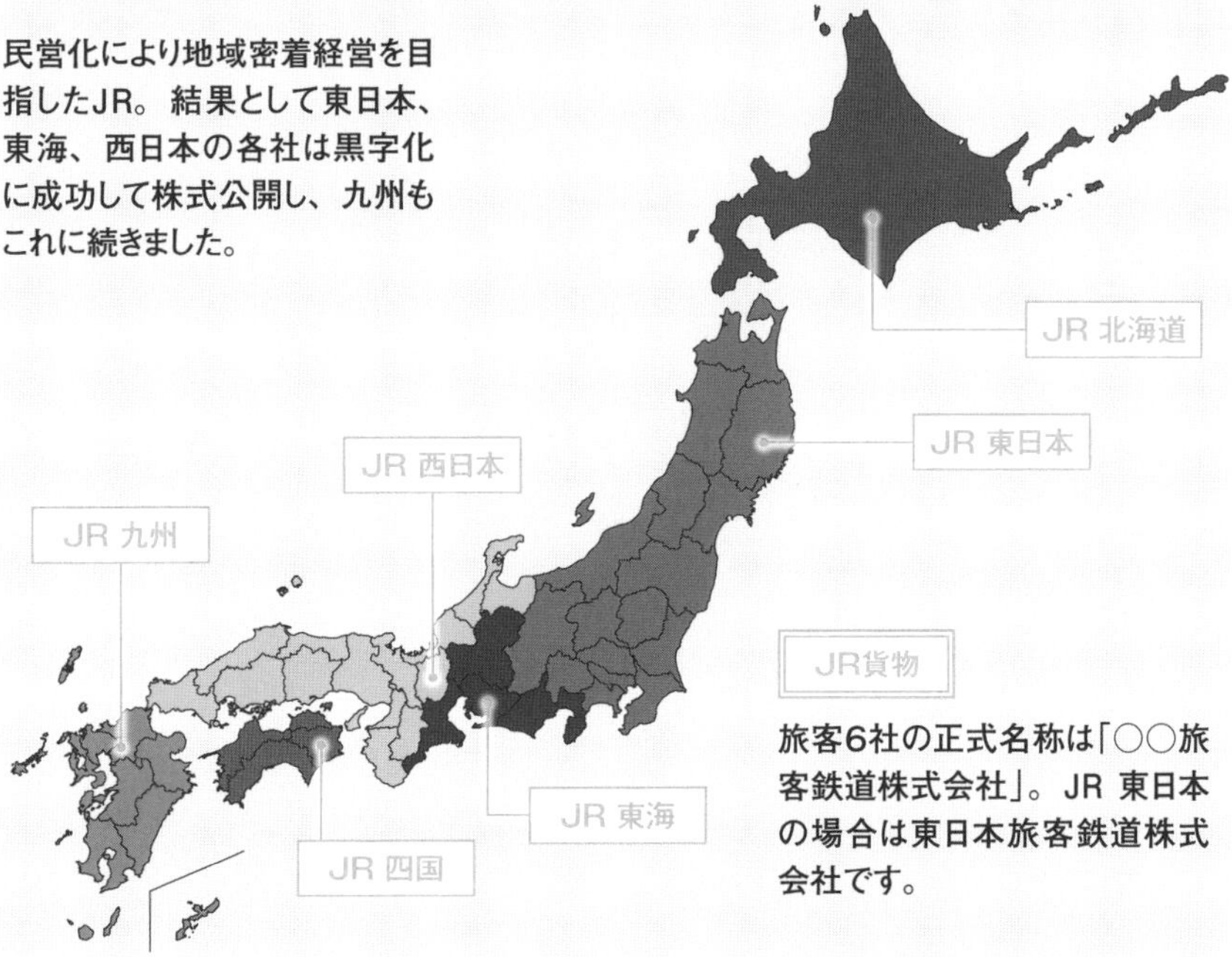
JR 北海道
JR 東日本
JR 西日本
JR 九州
JR貨物
JR 東海
JR 四国

旅客6社の正式名称は「○○旅客鉄道株式会社」。JR 東日本の場合は東日本旅客鉄道株式会社です。

国鉄が膨大な赤字を貯め込んだ理由

急な経済成長と都市部への人口集中に対応できず、鉄道環境の整備に巨額の投資が必要になった。

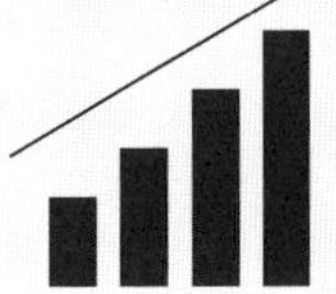

モータリゼーションが進んで車社会が到来。深刻な鉄道離れ(国鉄離れ)が起きた。

公社制度があり一元的な組織だったため、地域に根差した健全な経営が難しかった。

TRAIN
9

新幹線の導入にはどんな背景があった？

世界最速を実現した「ひかり」

アジアで初となる東京オリンピックが開催された1964（昭和39年）、東京－大阪間を結ぶ「新幹線」が開通。**新しく登場した新幹線は時速200㎞を超えるスピードを出すことに成功しました。**「ひかり」というネーミングは、まさにその速さに由来しているというわけです。

国鉄が新幹線の投入を考えた背景には、当時、東海道線の輸送量が限界に達していたという事情がありました。大都市間を結ぶ交通機関として、鉄道は岐路に差しかかっていたのです。

新幹線の開発にあたっては既存の技術が集大成として詰め込まれました。新技術を用いずに故障の不安を軽減し、安定した運行を目指したのです。地下鉄で使われていた自動制御装置や小田急ロマンスカーで使われていた高速運転に対応できるブレーキもその一例です。また、レールを固定するために線路上に敷く枕木に関しても、従来は木製のものが主流でしたが、新幹線の高速走行に耐えるためにコンクリート製のものが採用されました。こちらも最初は1951年に東海道本線で導入されています。

風景が流れる高速走行下で運転士の負担を軽減するために、見通しのよい運転席にする工夫もされています。誕生から60年、新幹線はその後も速さと安全性を両立すべく、日々改良が続けられています。

流線型のフォルムは速く走るため

0系（1964年～）

E8系（2024年～）

独特のフォルムを持つ新幹線の歴代車両。先端を細くした流線型と呼ばれるこの形状は、速く走ることを追求した結果として選ばれたものです。

レールにも新幹線ならではの工夫が

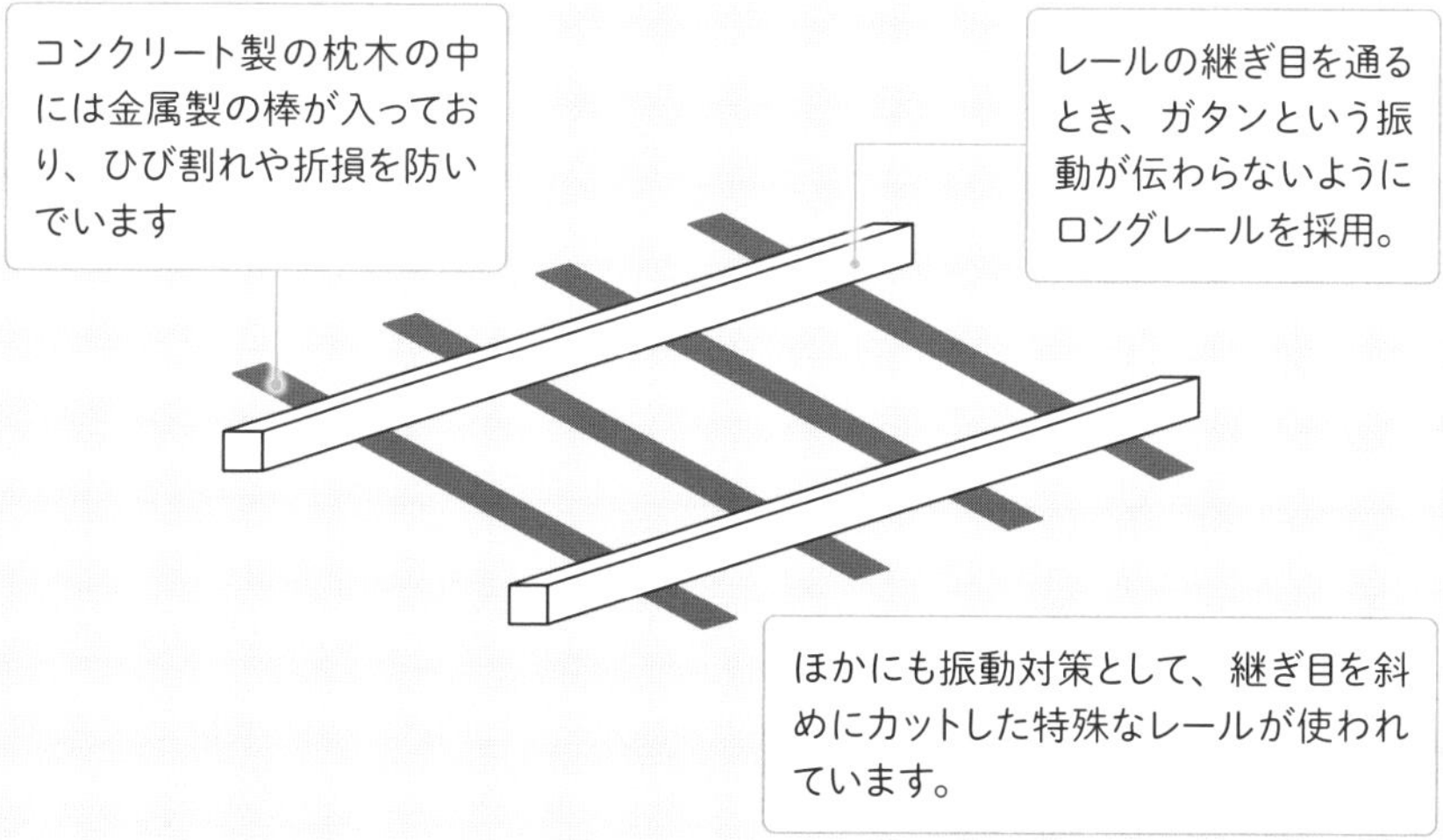
コンクリート製の枕木の中には金属製の棒が入っており、ひび割れや折損を防いでいます
レールの継ぎ目を通るとき、ガタンという振動が伝わらないようにロングレールを採用。
ほかにも振動対策として、継ぎ目を斜めにカットした特殊なレールが使われています。

寝台列車はなぜなくなっていった？今も乗れる？

夜行列車を使う利点が失われた

1970年代の半ばまで、寝台列車が人気だった時代がありました。**寝台列車は夜行列車のうち、座席の代わりに寝台を設けた寝台車をメインにした列車のこと。**当時は新幹線や飛行機の最終便に間に合わなくても、夜行列車を使えば目的地に朝早く到着できる区間が多数ありました。それも新幹線や飛行機の始発便より数時間も早い区間もあり、出張の多いサラリーマンには重宝されていました。

ところが現在は夜行列車自体が激減。貨物を除く定期夜行列車は、東京－出雲・高松を結ぶ「サンライズ出雲」と「サンライズ瀬戸」の2本だけになってしまいました。

寝台列車が消えつつある背景の1つは、交通手段の多様化です。新幹線の延伸の影響や深夜の人件費の問題もありますが、競合する航空機のジェット化や、低運賃の夜行バスの登場などで、アドバンテージが失われてしまったのです。1976（昭和51）年に国鉄が大幅な運賃値上げを行ったことも影響しました。

予定に間に合うなら前日の夜や当日の朝に新幹線や飛行機を使えばいい。宿泊費を浮かせたいなら運賃の安い夜行バスを使えばいい。最近はLCC（格安航空会社）という選択肢もあります。そうした時代の変化が、夜行列車、寝台列車の衰退を招いたのです。

寝ているうちに目的地に着くのが魅力

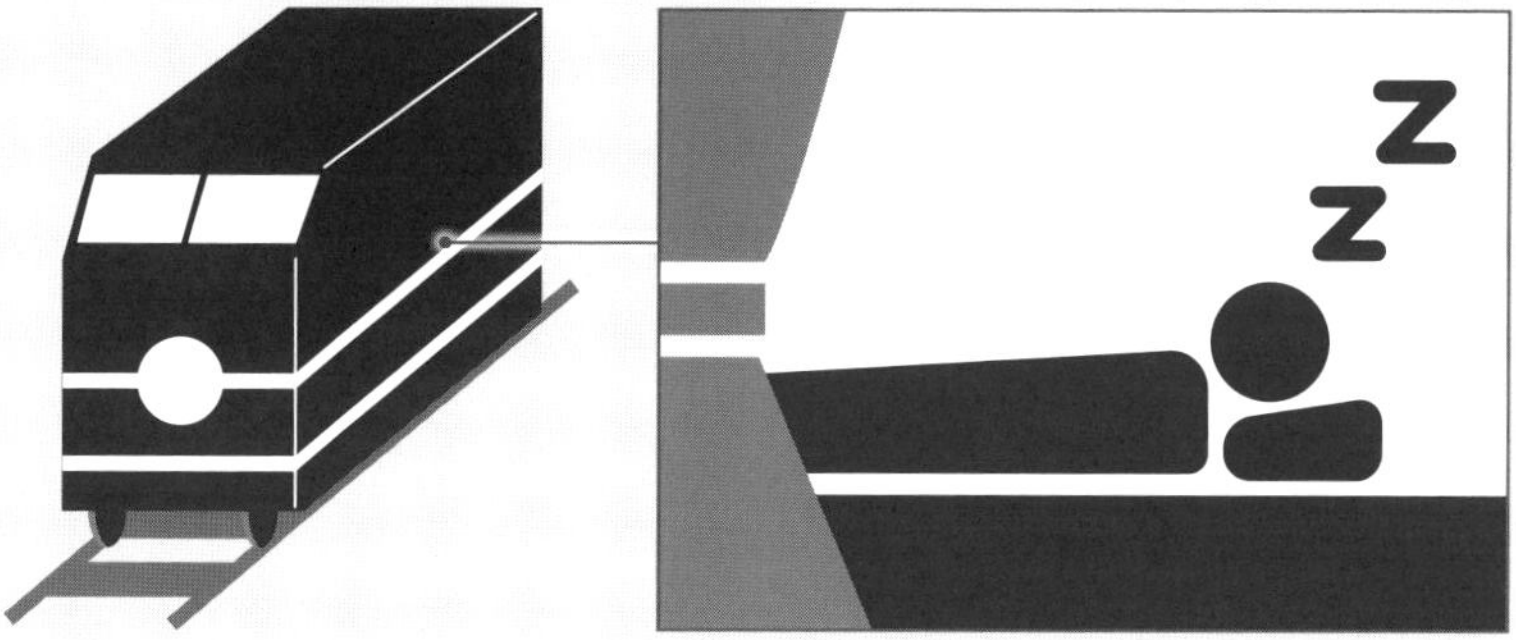

出張のときに、前夜遅めに家や勤務地を出て翌朝早くに目的地に着けるというのが寝台列車（夜行列車）の魅力でした。現在は、JR 東日本などが運行するクルーズトレインが登場し、寝台列車での移動そのものを楽しむスタイルに変化しています。

寝台列車が消えた理由

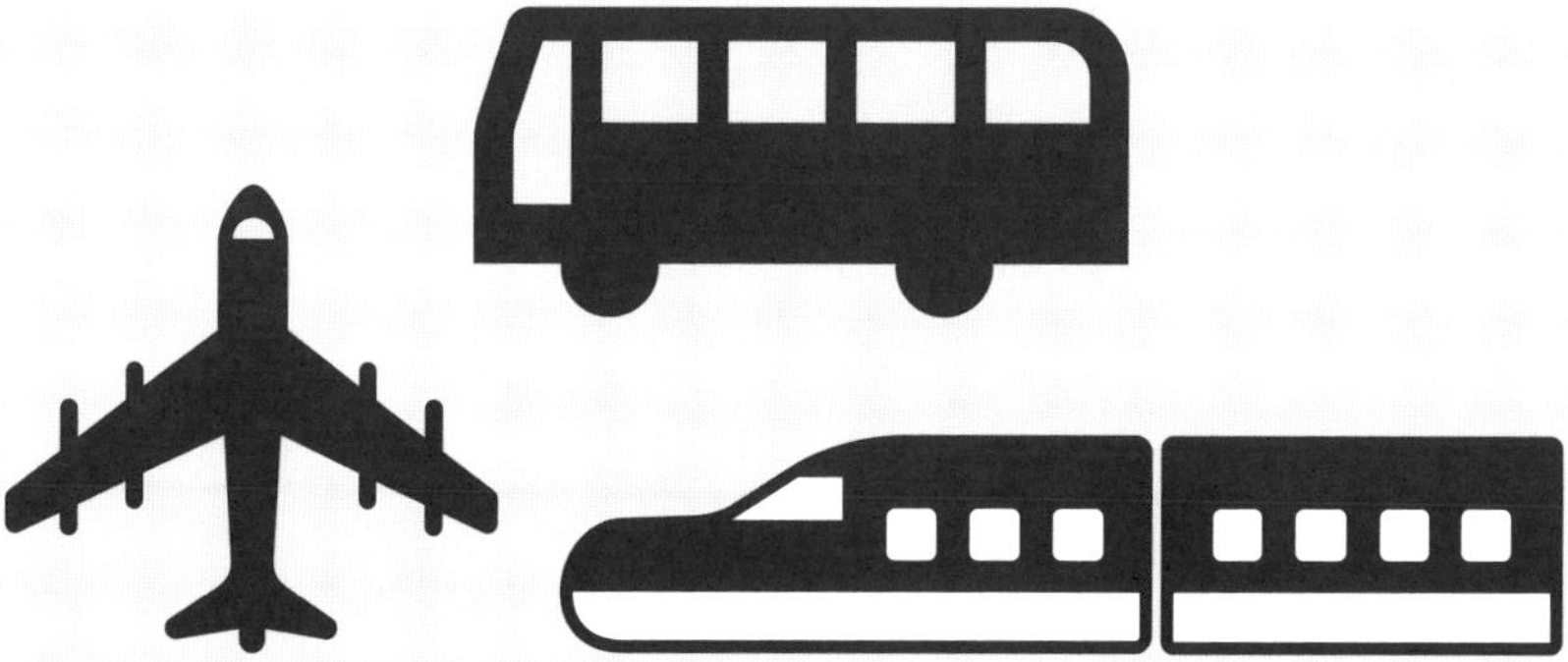

速さに加えて価格面や快適さなど、競合する交通機関の利便性が高まり、あえて寝台列車を選ぶ必然性が薄れたことが大きな理由です。

貨物列車が日本であまり主流でない理由

高度経済成長期を境に輸送量が急減

鉄道輸送の利点は大きくて重たい荷物を運べることにあります。貨物列車で輸送されるものは、工業製品や石油類だけでなく、食品や宅配便など、私たちの生活に身近なものも含まれています。

鉄道貨物の起点となるのは、全国に約150箇所ある貨物駅です。ここにコンテナに入れた荷物が集められ、列車で各地へ運ばれていきます。コンテナは荷物を格納する箱のようなもの。鉄道コンテナや航空コンテナなど、高さ・幅・総重量の異なる複数の規格があります。また、入れた荷物を出し入れすることなく船舶・鉄道・自動車といった異なる輸送手段をリレー可能なインターモーダルコンテナ（複合一貫コンテナ）もあります。

日本における貨物輸送は、トラックを使った道路輸送が中心です。国土の広いアメリカなどの国々では長距離の貨物列車が主流となっていますが、日本はそれとは正反対。その理由は、**高度経済成長期に道路網が整備され、機動性に優れるトラック輸送が選ばれるようになったためです**。とはいえ、今後日本の貨物輸送運送が完全にトラック輸送に置き換わることもないでしょう。トラックドライバーの不足が叫ばれるなかで、鉄道貨物輸送は見直される時代になっているのです。

日本では鉄道より自動車がメイン

アメリカやカナダといった広大な国土を持つ国では、長距離列車を用いた鉄道貨物が主流となっています。一方、高度経済成長期に道路網が整備された日本では、トラックが主な輸送手段となりました。

インターモーダルコンテナとは

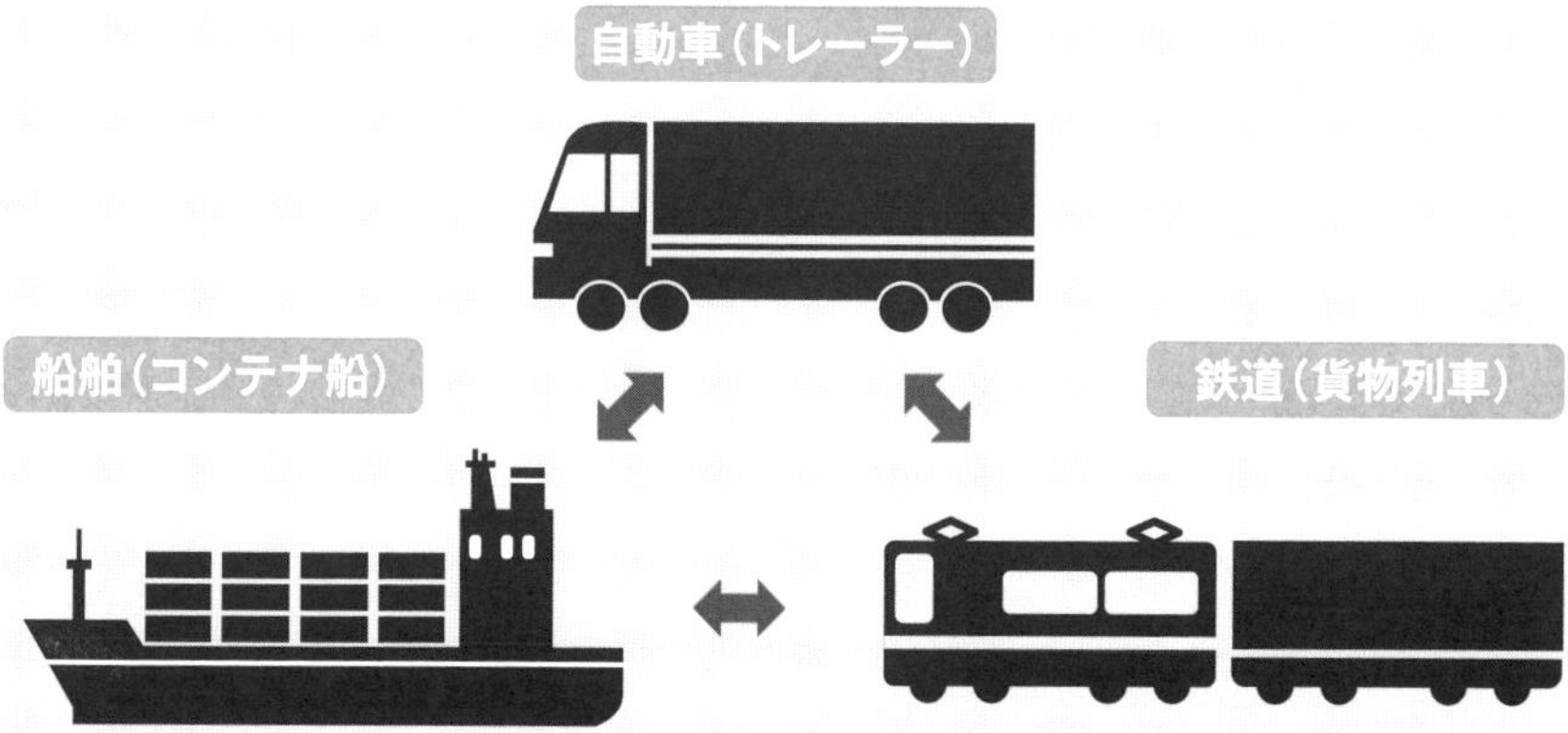

輸送手段には船舶・鉄道・自動車・航空といった種類があります。国際的な統一規格を持つインターモーダルコンテナを用いることで、異種の輸送手段を組み合わせながら、中身を取り出すことなく迅速に最終目的地まで荷物を届けることができます。

TRAIN 12

時代の変化で生じている今鉄道が抱える諸問題

利用の分散がカギ

公共交通機関の代表ともいえる鉄道ですが、いくつか問題も抱えています。**それは利用者が減少しているということ**です。

現代の移動手段には、徒歩、自転車、バイク、自家用車、バス、鉄道、飛行機とさまざまな選択肢があります。

そんななかで、特に通勤や買い物の足として利用されてきた鉄道の利用者が減っているのは、**少子化による人口の減少とモータリゼーションが原因**です。また、近年になり**リモートワークが進んだ影響**も少なからずあるようです。

いずれにしろ、利用者がこのまま減少すれば経営は厳しくなるでしょう。しかし、鉄道は公共財としての役割があるため、ビジネスの視点だけでは語れません。

さらに、単に利用者数が増えればいいとも限りません。公共交通機関は最も需要があるときに合わせて、設備を整えています。鉄道もラッシュ時の利用者数に合わせて多くの車両が用意されていますが、利用者数の少ない平日の昼間は車庫に留置されているのが現状なのです。

鉄道という資源を少しでも無駄にしないためにも、通勤・通学の時間帯を分散し、さまざまな時間帯に鉄道を利用することが大切です。すいている時期に鉄道を利用することが将来の公共交通を守ることにつながります。

鉄道と道路の共存問題

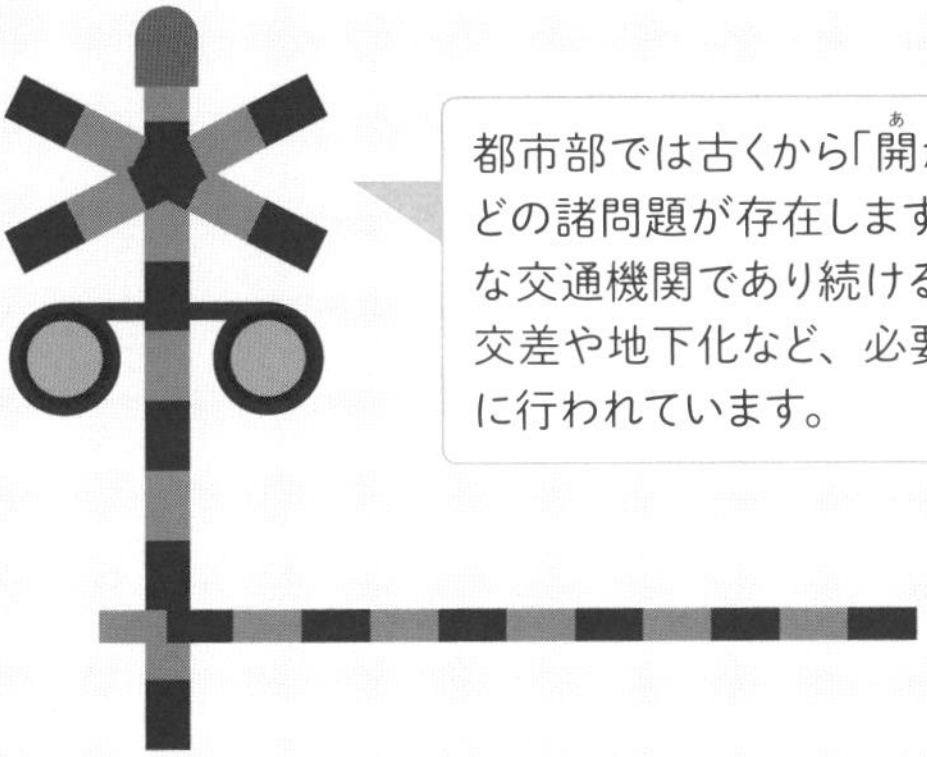

都市部では古くから「開《あ》かずの踏切」などの諸問題が存在します。鉄道が身近な交通機関であり続けるために、立体交差や地下化など、必要な整備が徐々に行われています。

日本のモータリゼーション

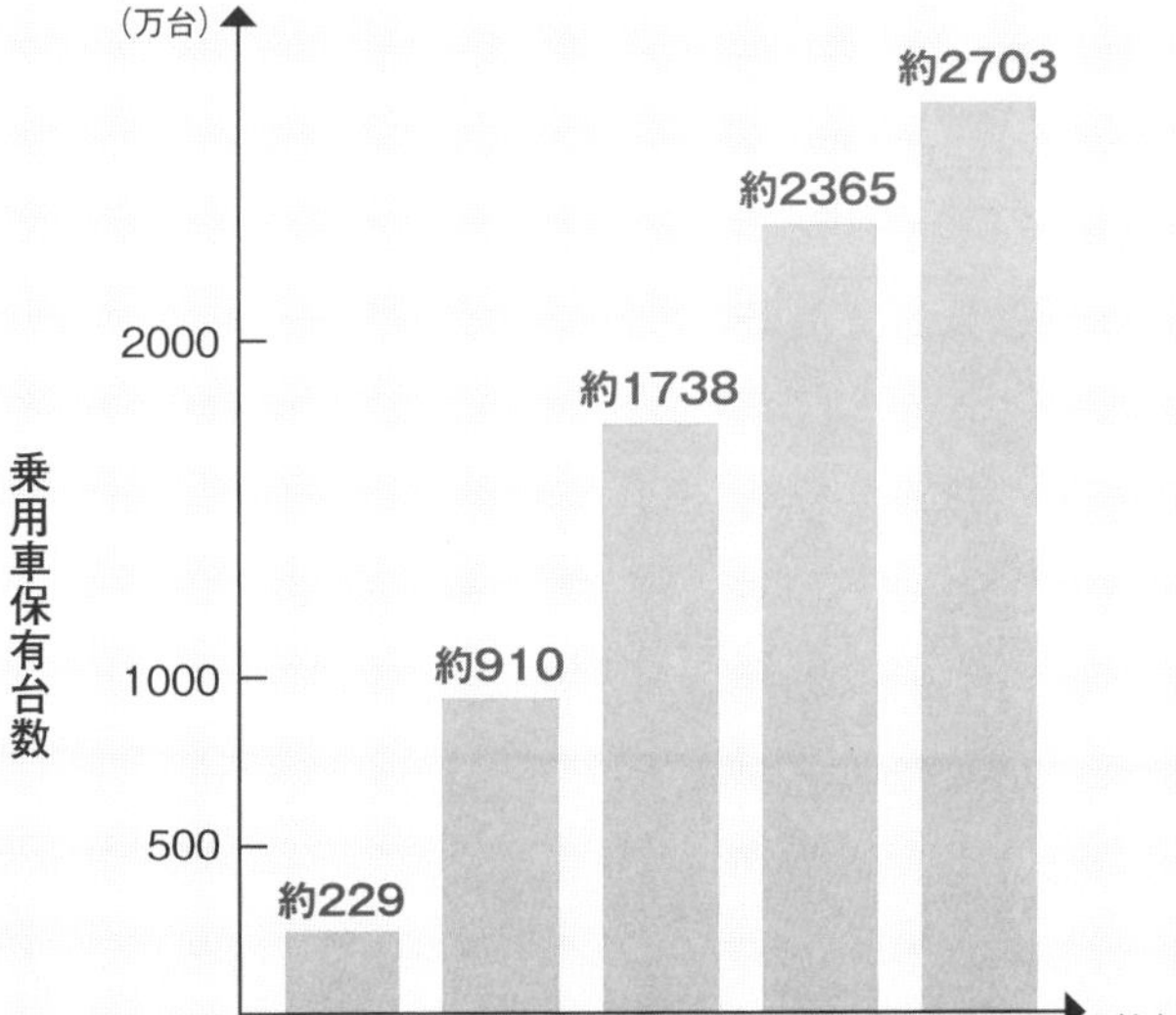

※一般財団法人自動車検査登録情報協会『車種別(詳細)保有台数表』より作成

日本のモータリゼーションは、高度経済成長で国民の生活水準が向上したことに伴って昭和40年頃からはじまりました。自家用車の保有台数は、昭和41年から61年までの20年間で、およそ12倍になっています。

TRAIN 13

環境面で再評価されている路面電車の新しい形

路面電車ならではの利点を生かす

路面電車は道路を走る小型の電車で、主に短距離の移動に使われます。**最大の特徴は道路に敷設された軌道を走ること。**日本最初の路面電車は1895（明治28）年の京都電気鉄道で、これは日本最初の営業用電気鉄道でもあります。

路面電車は昭和期まで市民の大切な足として活躍しましたが、戦後は自動車が道路交通の中心となったことで次々と姿を消していきました。

現代ではすでに役割を終えたかに見える路面電車ですが、**環境問題という側面から再び脚光を浴びるようになりました。**ヨーロッパでは、CO_2を排出する自動車に対する規制が年々厳しくなり、都市部への乗り入れを禁じている国さえあります。そうしたなかで、都市交通の一つとして存在感を発揮しつつあるのが**LRT（ライト・レール・トランジット）**です。これは明確な定義はないものの、大部分が専用軌道を走り、低床化などのバリアフリー化がされた車両を用いて、誰でも気軽に使うことができる都市の交通システムのことです。

日本では従来の路面電車のうち、このような条件を満たしている路線をLRTと呼んでいます。2023年8月には、新たに開業する路線としては日本初のLRTである「宇都宮ライトレール」が開業予定。これから路面電車の復権が進んでいくかもしれません。

東京の路面電車

現在も営業している路面電車の事業者は全国で20弱。東京では都電荒川線と東急電鉄世田谷線が運行を続けていますが、後者は道路ではなく新設の専用軌道を走っています。再び都心の道路を路面電車が走り抜ける時代が来るのでしょうか。

バリアフリー化された低床路面電車

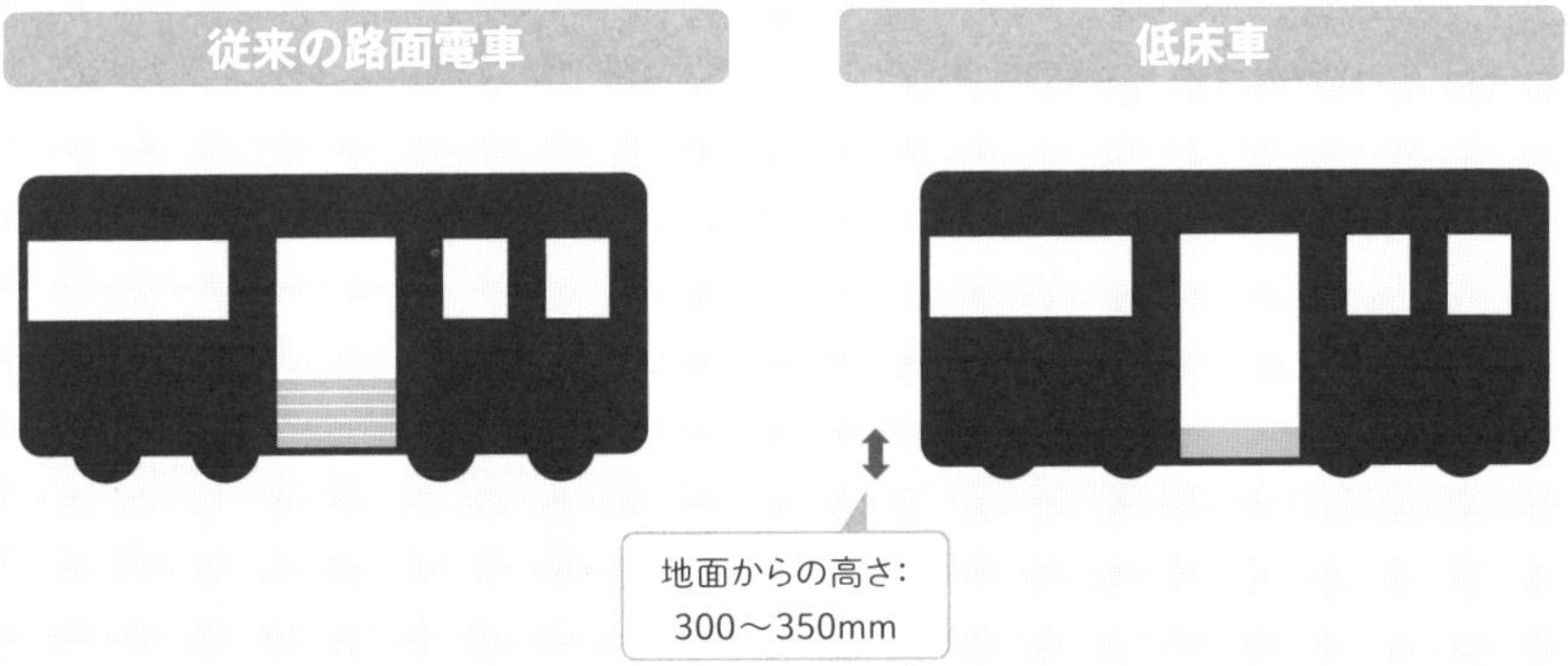

従来の路面電車は階段があることが多いですが、低床車ではプラットフォームとドアがほぼ平面です。その結果、お年寄りや車いすに乗った人でも利用しやすくなります。

赤字路線は廃止される？公共交通機関としての役割

時代に即した地方交通の形を模索

これまでに多くのローカル線が廃線になりました。その要因が、利用者の減少に伴う採算性の悪化です。

地方のローカル線では、人口減少とモータリゼーションが原因で、利用者は年々減り続けています。1970年代半ばと現在を比較すると、利用者数がおよそ1/10にまで減少した路線もあります。鉄道のメリットは一度に大量の乗客を輸送できること。従来はそのメリットを十分に活かしていた路線であっても、現代では運行の経費だけがかさんでしまうというのが現状です。

そうなるとその地域のニーズに合わせて、公共交通機関が低コストで運行できるバスに置き換わるのは自然なことでしょう。また、バスは道路があれば自由に行き来できるため、役場や学校、病院といった需要が多い施設の目の前に止まることができます。

ただし、更なる利用者の減少によって採算が取れず、バスすらも廃止になってしまうケースもあります。近年はバスの運転士が不足しているのも大きな問題です。

住民の大事な足を赤字だからといってなくしてもいいのか。それゆえに、低コストで運用できる新しい交通システムなど、時代に即した地方交通の形を考える必要があります。

ローカル線が消えて路線バスへ

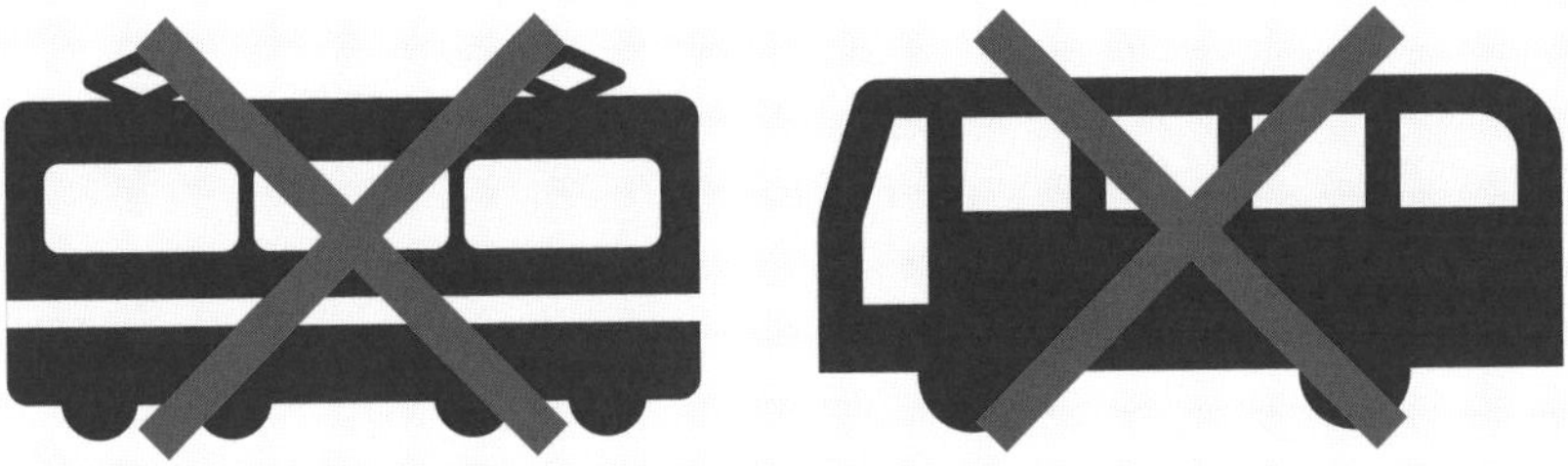

人口の少ない地方都市や過疎化の進む地域では、ローカル線が減便されたり廃止されたりする流れが続いています。代わりに住民の足となるのが路線バス。しかし更なる利用者の減少でバスさえも廃止になるケースもあります。

最近増えている「デマンドタクシー」

10:00に病院に着くように予約
病院に到着
TAXI
TAXI
TAXI

事前予約で利用できる乗り合い型のタクシー。地域によって利用方法は違い、自宅前まで迎えに来てくれるものもあれば、バスのように停留所が決められ、そこから乗り降りするものも。運賃は大人1人300円から500円程度のことが多く、通常のタクシーよりも利用しやすい料金です。

Column 3

JR全線完乗を達成すると新たな地平が広がっている

鉄道ファンの夢の一つに、JR 全線完乗というものがあります。これは文字通り、約 20000km に及ぶ JR の各路線を、全区間で乗車することです。私は鉄道ファンになった高校生の頃から約 10 年かけて、2017 年にこの JR 全線完乗を達成しました。

実はこの 2017 年、私が YouTuber としての活動を始めた年です。それまでは、全ての路線に乗ることを主に考えていました。それを達成した結果、次に何をすれば鉄道を楽しめるかと考えました。その次に私鉄を含めた国内全路線乗りつぶしを目指す人もいます。それも一つの手ですが、私は乗りつぶしという方針から一旦離れることにしました。それまであまり感心がなかった廃線跡を車やバスで巡ったり、海外の鉄道に乗りに行ったり、普段乗らないような早朝や深夜の時間帯を走る電車に乗ってみたり……。乗りつぶし以外にも鉄道の面白さは広がっていると感じました。また、そういった内容をインターネットで発信している人は少ないなと感じたため、そこから YouTube での配信を始めたのです。

目標を達成すると次の目標がなくなる、というのはよく聞く悩みです。壁にぶつかる前に、その先のことを考えてみると新たな世界が広がっているかもしれません。

おわりに

本書を最後までお読みいただきありがとうございました。

実際に乗ってみたり、接してみたりしないとわからないことが多いのが鉄道ですが、だからといってただ乗っているだけでは、なかなか「面白い」と思ってもらえないものでしょう。私も鉄道を面白いと感じるようになったのは、学生時代の鉄道会社でのアルバイトがきっかけでした。この本に書かれているようなことを含め、様々な魅力を鉄道会社の先輩方に教えていただき、「面白い」と思えるようになりました。

もちろん、鉄道の面白さは「乗ってもらう側」だけではなく、「乗る側」でも十分感じることができます。複雑なシステムやしくみ、裏話を知らなくとも、目の前にやってきた1本の電車に乗るだけでも鉄道には十分な面白さがあると信じています。

ですが、もしよかったら少しだけ視点を加えてみてください。

たとえば通勤・通学で何気なく乗っている電車でも、そもそも時間通りに動くのには秒単位での運転士と車掌による調整が必要です。そして電車が遅延したら、乗る側はイライラするだけかもしれませんが、その裏では一刻も早くダイヤを修正したり、場合によっては運転を再開すべくたくさんの人が動いていたりします。そういった裏側の出来事を面白いと感じる方もいるでしょう。一方で、どんどん速くなっていく新幹線のスピードと、その進化の歴史を面白いと感じる方もいると思います。私にとってのポイントがアルバイト経験だったように、きっとたくさん鉄道を面白いと思えるようになるポイントがあるはずです。

本書で紹介したことが、読んでくれた方の新しい発見になってくれていれば、そしてその発見がいつも乗っている電車の小さな面白さの発見につながっていれば、著者としてこれ以上のことはありません。

綿貫 渉

綿貫 渉（ワタヌキ ワタル）

元鉄道員という経歴を持つ交通系YouTuber。高校時代、たまたま募集を見かけた駅員のアルバイトをきっかけに交通に興味を持つ。大学で地理学を学んだ後、バス会社勤務を経て、JRで2021年まで鉄道員として働く。2017年にJR全線完乗を達成し、動画投稿を本格的に開始。2023年4月現在、チャンネル登録者数12万人。自身の経験を活かした学術面・事業者面・利用者面視点で、公共交通の魅力を発信している。著書に『怒鳴られ駅員のメンタル非常ボタン 小さな事件は通常運転です』（KADOKAWA）がある。

YouTube：綿貫渉 / 交通系 YouTuber

Twitter：@wataru_w

参考文献

『怒鳴られ駅員のメンタル非常ボタン 小さな事件は通常運転です』（綿貫渉 著・KADOKAWA）、『読めば読むほどおもしろい 鉄道の雑学』（浅井建爾 著・知的生きかた文庫）、『図解 鉄道の科学 安全・快適・高速・省エネ運転のしくみ』（宮本昌幸 著・講談社）、『誰かに話したくなる大人の鉄道雑学 新幹線や通勤電車の「意外に知らない」から最新車両の豆知識、基本のしくみまで』（土屋武之 著・サイエンス・アイ新書）、『もっと知ればさらに面白い鉄道雑学256』（杉山淳一 著・リイド文庫）、『みんなが知りたい！ 鉄道のすべて この一冊でしっかりわかる』（「鉄道のすべて」編集室 著・メイツ出版）、『図でわかる電車入門 電車のしくみを感じるための基礎知識』（川辺謙一 著・交通新聞社）、『図解雑学 日本の鉄道』（西本博隆 著・ナツメ社）、『図解入門 よくわかる 最新 鉄道の技術と仕組み』（阿佐見俊介、磯部栄介、出野市郎、佐藤盛三、千代雄二、鷲田鉄也 著・秀和システム）

STAFF

編集	細谷健次朗（株式会社 G.B.）
編集協力	幕田けい太、野村郁朋、三ツ森陽和、吉川はるか
特別協力	滑川弘樹
カバー＆本文イラスト	しゅんぶん
カバー＆本文デザイン	深澤祐樹（Q.design）
DTP	G.B.Design House

眠《ねむ》れなくなるほど面白《おもしろ》い

図解《ずかい》　鉄道《てつどう》の話《はなし》

2023年 6 月 10 日　第 1 刷発行
2024年 2 月 20 日　第 3 刷発行

著　者	綿貫《わたぬき》 渉《わたる》
発行者	吉田芳史
印刷所	株式会社光邦
製本所	株式会社光邦
発行所	株式会社日本文芸社
	〒100-0003 東京都千代田区一ツ橋 1-1-1 パレスサイドビル 8F
	TEL03-5224-6460［代表］

内容に関するお問い合わせは小社ウェブサイト
お問い合わせフォームまでお願いいたします。
URL https://www.nihonbungeisha.co.jp/

Printed in Japan 112230525-112240208 Ⓝ03 (300066)
ISBN978-4-537-22107-7
（編集担当：萩原）